英烈故事丛书

雷锋

为人民服务

◎蒋祖烜 主编
◎钟娴 编著

CNS | 湖南人民出版社

图书在版编目（CIP）数据

为人民服务·雷锋／钟娴编著．—长沙：湖南人民出版社，2019.7
（英烈故事丛书／蒋祖烜主编）
ISBN 978-7-5561-2219-6

Ⅰ．①为… Ⅱ．①钟… Ⅲ．①雷锋（1940—1962）—先进事迹Ⅳ．①K825.2

中国版本图书馆CIP数据核字（2019）第099107号

WEI RENMIN FUWU LEI FENG

为人民服务·雷锋

主　　编　蒋祖烜
编 著 者　钟　娴
责任编辑　龙妍洁妮
装帧设计　杨发凯＋见所创意设计工作室
责任印制　肖　晖
责任校对　曾诗玉

出版发行　湖南人民出版社［http://www.hnppp.com］
地　　址　长沙市营盘东路3号
邮　　编　410005
经　　销　湖南省新华书店

印　　刷　湖南凌宇纸品有限公司
版　　次　2019年7月第1版
　　　　　2019年7月第2次印刷
开　　本　787 mm × 1092 mm　1/32
印　　张　4.875
字　　数　68千字
书　　号　ISBN 978-7-5561-2219-6
定　　价　26.00元

营销电话：0731-82683348　（如发现印装质量问题请与出版社调换）

前言

英雄是民族最闪亮的坐标，一个有希望的民族不能没有英雄。中华民族是崇尚英雄、英雄辈出的民族。在中华民族伟大复兴进程中，无数英烈为民族独立、国家富强前赴后继、英勇献身。他们以热血浇灌理想，用生命捍卫信仰，构筑起一座座不朽的精神丰碑。他们的事迹和精神是激励我们砥砺前行的强大动力。

值此中华人民共和国成立70周年纪念之际，为缅怀英烈、歌颂英雄，铭记历史、凝聚力量，我们组织编写了“英烈故事”丛书。

丛书以中央有关部门“捍卫英烈形象主题宣传人选名单”的英烈为叙事对象，每位（组）烈士单独成册，分批推出。用英烈生平事迹，彰显英烈精神的时代价值；用通俗的故事化表达，强化丛书内容的感召力。着力讲好英烈故事，传颂好英烈“未惜头颅新故国，甘将热血沃中华”的献身精神、“为有牺牲多壮志，敢教日月换新天”的凌云壮志，为理想信念和社会主义核心价值观宣传教育，提供一套有思想、有温度的学习参考读物，引导营造崇尚英雄、学习英烈、捍卫英烈的浓厚社会氛围。

“两个一百年”奋斗目标是当代中国共产党人最重要最现实的使命担当，也是中华民族伟大复兴的百年宏愿。实现我们的目标，需要英雄，需要英雄精神。让我们更加紧密地团结在以习近平同志为核心的党中央周围，以英烈精神激发社会干事创业的磅礴之力，勠力同心，让承载着近14亿中国人民伟大梦想的中华巨轮，继续劈波斩浪，扬帆远航，胜利驶向更加美好的明天。

编　者

2019年6月

英烈小档案

雷锋（1940—1962），湖南长沙人，中国人民解放军全心全意为人民服务的楷模，共产主义战士。1954年加入中国少年先锋队，1956年在乡人民政府当通讯员，1957年加入中国新民主主义青年团（5月改为中国共产主义青年团）。他先后参加望城县治伪工程、团山湖农场和鞍钢的建设，多次被评为劳动模范和先进生产者。1960年入伍，在不到3年的时间里，他荣立二等功1次，三等功2次，受嘉奖多次，被评为“模范共青团员”“节约标兵”，被选为抚顺市人民代表大会代表。1962年8月15日因公殉职，年仅22岁。作为一名普通的中国人民解放军战士，雷锋忠于党、忠于人民、忠于祖国、忠于社会主义，不断提高为人民服务的本领，在平凡的岗位上做出了不平凡的贡献。毛泽东主席于1963年3月5日亲笔题词“向雷锋同志学习”。每年的3月5日被定为学雷锋纪念日。

CONTENTS 目录

妈妈，别走

1940年12月18日，雷锋出生在湖南长沙一个叫简塘冲的村子里。他妈妈叫张元满，人称雷一嫂，他的家是山坡上的三间茅草房。

按照农历，这一年是庚辰年，所以雷锋乳名叫庚伢子。后来，上小学时取名雷正兴，参加工作后改名雷锋。

雷锋一岁多时，面对债主的紧逼，爷爷雷新庭又气又急，肺病加重，死了。

雷新庭的死没有结束雷家祸不单行的日子。

日本侵略军到处烧杀抢掠，雷家一家老小慌慌张张地躲进了大山深处。

过了一段日子，看着饥肠辘辘的家人，别无选择的雷明亮扛着一条扁担，出山了。

★ 2

刚刚走出大山的雷明亮就被两个日本兵盯上，因为他们正在找苦力。

雷明亮不愿意，奋力挣扎。

强壮剽悍的日本兵一下就把瘦弱又差不多饿晕了的雷明亮摔倒在地，用枪托和扁担使劲地抽打，就像击打沙袋一样。

雷明亮口吐鲜血，昏死过去。

路过的熟人将雷明亮抬回家中，一家人哭作一团。哭声没能留住雷明亮的生命，他看了看瘦巴巴的两个儿子，又看了看怀孕的妻子，永远停止了呼吸。

雷明亮的死让雷家失去了主心骨，给雷家添了一笔新债。

“我该怎么办？”雷一嫂反复问自己。

“妈妈，妈妈，我可以帮家里干活，也可以到外面做工赚钱。”雷锋的哥哥雷正德坚定地说。

到底是穷人家的孩子早当家啊！雷一嫂眼睛一亮，细细地看了看大儿子，然后又瞧了瞧小儿子。她决定冒一次险，让雷正德到亲戚的工厂里找一条活路。

★ 3

不料，雷正德走的是死路。他每天干十几个小时的活，连饭都吃不饱。一次，他晕倒在机器上，手臂严重受伤。因为没有及时救治，死了，那年才13岁。

雷一嫂又一次擦干眼泪，可是，她面临的灾难远没有结束。

雷家的老三生下来就干瘦干瘦的，似乎只有几口气，几下就吐完了。这几口气持续到他快两岁。又是高烧，又是腹泻，在越来越弱的嘶哑哭声中，他死在雷一嫂的怀里。

埋了老三，雷一嫂手持长长的竹杖，领着六岁的雷锋出门乞讨。她的臂弯里挎着一个竹篮，竹篮里放着两只粗陶大碗。

地主唐家的女儿要出嫁了，需要做嫁妆。手巧的雷一嫂被看中，她和雷锋来到了唐家。

等待着雷一嫂的有唐家的几餐饱饭，还有火坑。

一天，早就打上了雷一嫂主意的唐家七少爷强奸了她。接二连三地，雷一嫂多次受辱，她怀上了唐七少爷的种。唐七少爷觉得她是包袱，就把她赶出了唐家。

★ 4

雷一嫂的精神崩溃了。

这一年八月十五日，也就是雷一嫂被赶出唐家的第四天，皎洁的满月圆圆满满，有钱的人家灯红酒绿，正在过中秋，村子里照例在上演皮影戏。

雷一嫂端来一盆清水，为雷锋仔仔细细地洗净了手和脸儿，又脱下一件夹衣给他穿上，说："庚伢子，穿上这件衣裳，少挨些蚊子咬……快去看戏吧！看完戏就到六叔奶奶家去睡觉。妈妈今天晚上有事，明天回来。"

第二天，在六叔奶奶一家的帮助下，雷锋家的门被撞开了。

雷一嫂吊在横梁上，死去几个时辰了。

小雷锋扑上去，抱住妈妈的腿，一个劲儿地哭喊着："妈妈，你怎么啦？妈妈你怎么啦？"

流浪

没有了妈妈，雷锋哭肿了双眼，哭哑了嗓子。他哭累了，歪靠着六叔奶奶昏昏睡去。

“庚伢子怎么办？”看着雷家唯一活着的传人——瘦弱、漂亮、聪明、懂事的小庚伢子睡着了，大家几天来一直藏在心底的话终于说出来了。

“庚伢子太小了，才六岁。让他一个人怎么活下去啊！”

大家的口气里又是惋惜，又是同情，又多少渗透着无奈。

穷得连自家的孩子都养不活，谁能接纳小雷锋？

在雷一嫂独自艰难支撑雷家的日子

里，六叔奶奶一家就给予过力所能及的帮助。小雷锋在六叔奶奶家吃过饭、喝过粥，得到过无数的关怀和爱。雷一嫂的丧事差不多是六叔奶奶一家操办的。

这一次，又是六叔奶奶一家伸出了援助之手——他们收留了小雷锋。

“庚伢子就待在我们家吧，有我们吃的，就有他吃的。”六叔奶奶说。

多么朴实的话语，又是多么深厚的情谊啊！

六叔奶奶家的家境比雷家好不了多少，全家八口人，佃种着唐家的五亩田，交了租金，就没剩下什么了。

小雷锋是个勤快又机灵的孩子。在新家，他懂得说好话给大人听，他努力做好力所能及的事，以减轻大人的负担。

拔猪草、放水牛、拾柴火、捡稻穗、递秧苗等活计，雷锋早就跟妈妈和哥哥学会了。他不怕吃苦不怕累，起早贪黑地忙碌着。每次，他背着空空的篓子出门，回家时一定带回满篓沉甸甸的猪草或柴火。

但六叔奶奶家的家境依然逐渐陷入了困境，挨饿的日子越来越多。

1949年春，为了减轻六叔奶奶家的负担，雷锋离家出外讨饭，过着流浪的生活。

白天，雷锋挨门乞讨。晚上，就露宿在别人家的屋檐下、台阶边。由于蚊虫叮咬，他满身起了红疙瘩，痒得恨不能把肉都抓下来。

红疙瘩被雷锋的脏手抓破，发炎了，通红通红的，流着血，流着脓。他的腰上起了一个大包，走路时腰都伸不直，晚上病得根本不能入睡。

实在忍受不了疮痛的折磨，雷锋回到了六叔奶奶家。

乱蓬蓬的头发被泥土、灰尘黏成一缕一缕的，有的直竖着，有的耷拉着。衣服这里一块，那里一块，脏得看不出是用布做的还是用其他材料做的。脸瘦得吓人，眼睛似乎镶嵌在一块灰布里，没有一丝神采。

六叔奶奶一见到雷锋，就把他搂在怀里，哭个不停。

“看你瘦成这个样子，我真心疼。以后哪怕全家一起饿死，也不许你再出门要饭了。”

★ 8

六叔奶奶的泪水滴在雷锋的手上，冲出了一条白白的印痕。

“奶奶，我的背好痛。”雷锋把疮痛的事告诉了六叔奶奶。

六叔奶奶掀开雷锋的衣服，大吃一惊，说：“这是背花疮！可了不得！如果搞不好，就会丢命。”

一家人围拢来，为雷锋打水洗澡，把那颗疮中的脓水彻底地挤出来，又请来邻居谢医生，开了几服中药煎服。十几种土药用沙锅熬煮了，部分喝掉，部分用来清洗伤口。

在六叔奶奶一个多月的精心护理下，雷锋腰上的疮慢慢好起来了，背花疮的大洞也慢慢长合了。

旧社会里豺狼恶

离简塘冲几里远的地方有一座山，这座山是大地主徐满料子家的。徐满料子的婆娘很凶，看见谁砍她家山上的柴，她就砍谁的手。小孩子害怕极了，不敢到徐家的山上拾柴火、砍柴。

“我就不相信她真会砍人，你们跟我去。”近处山上的柴火不多，各人家里又特别需要柴火。雷锋很想带领小伙伴们到徐家的山上去砍柴，便鼓动说。

小孩子们心里也想去柴火多的山上拾柴和砍柴，听雷锋这么一说，就跟着他上山了。

徐家山上的柴火真是多。不一会儿，雷锋一行就满载而归，徐家婆娘压根儿不知道小孩子们在山上“闹”了一通。

孩子们尝到甜头，两次，三次……次次都很顺利。

这一天，孩子们背着柴正准备回家，突然，徐家婆娘从树背后冒出来了。

“你们这帮兔崽子，敢上我家山上砍柴，看我不收拾你们。”

孩子们四散奔逃，只有雷锋拿着砍柴刀，站在那里，一动不动，两眼恨恨地盯着徐家婆娘。

徐家婆娘扑过来，抓住雷锋，要夺他的砍柴刀。

雷锋一边在徐家婆娘的手里扭来扭去，一边愤怒地说：“山里的柴是吃露水长大的，为什么砍不得？”

徐家婆娘无言以对，恼羞成怒。她使劲一推，雷锋摔在地上，手里的砍柴刀脱落在地。

徐家婆娘捡起砍柴刀，朝雷锋的手臂上连砍三刀。鲜血直流，很快就沾满了雷锋的手臂。

“看你以后还敢不敢到我家的山上来砍柴，再来，我就砍死你。”徐家婆娘恶狠狠地扔下一句话，走了。

雷锋忍着痛，站起来，用衣袖把伤口捆起来。

唐家需要一个放猪和做零碎杂役的童工，雷锋为了有口饭吃，来到了唐家。

雷锋和唐家的猪睡在一起，唐家每天只称给雷锋四两喂猪的糙米，还要他自己煮着吃。雷锋饿得实在难受了，就偷吃猪食。唐家过年吃大鱼大肉，雷锋吃狗剩下的饭。

“到张家酒店去打酒，一个小时之内赶回来，否则，小心你的皮肉。”一天晚上，唐七少爷凶巴巴地对雷锋说。

张家酒店离唐家有六里地，一个小时的时间太紧了。

雷锋急匆匆地来到酒店，提着酒就往唐家赶。心里太过紧张，雷锋被石头一绊，摔倒在地，酒打翻了一多半。

“你这兔崽子，养着你有什么用？真是比狗还不如，狗见了我还知道乖巧地摇尾巴，你连这点小事都做不好。”唐七少爷一边骂着，一边给了雷锋几个大耳光。这还不够，唐七少爷又是重重的一脚，把雷锋踢倒在地，磕得鼻子鲜血直流。

当晚，唐七少爷扣除了给雷锋的一点糙米。雷锋没饭吃，只得挨饿。饿得实在忍不住了，就到屋后的菜园子里挖了几个地瓜，擦擦后也不管干净不干净，狼吞虎咽地吃了。第二天，唐七少爷知道雷锋吃地瓜的事，先是对雷锋一顿毒骂，然后用长骨刺刺雷锋的嘴巴、手，刺得雷锋嘴巴直流血。

这天，唐家的狗吃了雷锋做的饭，雷锋狠狠地揍了狗几拳。唐七少爷骂雷锋打狗欺主，用刀在雷锋的手上割了几刀之后，把他赶了出去。

人小胆大的儿童团团长

解放军来了。

到处是鲜红的旗帜，到处是雄壮的歌声，到处是欢声笑语。

解放军的一个连队在简塘冲宿营，这可乐坏了雷锋。他把解放军当亲人，解放军问他什么，他一定给他们一个满意的答复。解放军要他做什么事，他一定非常漂亮地完成任务。几个小时过后，雷锋和连队一个比他大不了几岁的小通讯员就熟悉了。可能是因为年龄差不多，两个人有着说不完的话和讲不完的笑料。

参加解放军的想法在雷锋心里深深扎根了。

部队走了之后，在彭德茂等共产党员

的领导下，简塘冲一带的老百姓积极组织起来，和地主恶霸展开了一场轰轰烈烈的斗争。

雷锋加入了儿童团，成为一名团员。他扛上红缨枪，和其他团员一起站岗放哨，侦察巡逻，好不威风。

湖南是和平解放的，解放军在各地驻扎的时间很短，农村里的地主、特务、土匪勾结在一起，组成假农会，势力还不小。他们处心积虑地搞破坏，和农村新政权分庭抗礼，试图扰乱正常的斗争。

“你们儿童团的一个重要任务就是监视假农会的行动，跟踪、侦察他们。”彭德茂给儿童团分派了任务，儿童团团员们都把任务记在心里。

有一天，雷锋装作挖菜铲草，下了塘，偷听塘边一个过去的伪保长和一个恶霸地主邓某某的秘密谈话。

两个坏蛋没有发现雷锋在接近，他们热烈地讨论着一个行动计划：组织一帮人、六杆枪，搞一次对民兵队的伏击。在什么时间、什么地点伏击民兵队，两个坏蛋没有确定。

★ 15

彭德茂得到雷锋的报告，立即命令儿童团团员们更严密、更巧妙地监视坏蛋们的活动。

在假农会的隔壁院子里，雷锋有一个非常要好的朋友。于是，他便天天来到这个院子里，一边和朋友玩，一边密切注意隔壁院子里的情况。

这一天，雷锋发现邓地主领着一个当过伪警察局局长的家伙进了假农会的院子。他机敏地溜到那个院子的窗后，耳贴着窗棂听他们谈话。

雷锋听到了坏蛋们的计划。原来，他们准备在晚上杀害乡里的民兵队长，夺取民兵队的枪支和梭镖，举行反革命武装暴乱。

雷锋急忙把情况报告了彭德茂大叔。彭德茂和民兵队长联合邻近各乡的武装力量，进行周密布置，以绝对优势的兵力、火力围剿假农会，活捉了这些坏蛋，并缴获了全部枪支弹药。

这场漂亮的围剿战把假农会一举摧毁，真正的农会建立了。被推举为农会主席的彭德茂高兴地表扬雷锋说：“真有出息，小小年纪就能干大事。”

彭德茂提拔雷锋为儿童团团长。

★ 16

凶恶的徐家婆娘得到了应有的惩罚，邓地主等坏蛋都被枪毙了。穷人们分田、分地、分房、分粮，一派热闹。

雷锋分得了两亩四分稻田，还有一间房子。

想到自己几天前还一无所有，现在一下子就拥有了生活需要的一切，雷锋泪流满面，他在心里默默地说："爷爷、爸爸、妈妈、哥哥、弟弟，你们要能活到现在，该有多好啊，我们现在什么都有了，什么也不用担心了。"

我上学啦！

1950年夏天，雷锋10岁，他走进了校园。

开学的第一天，学校发给雷锋两本书、一个笔记本。他像得了宝物一样，小心翼翼地翻开新书第一页，毛主席那慈祥的面容映入他的眼帘。雷锋双手捧起新书，心情久久不能平静，他告诫自己："一定要好好学习，学好本事，等长大了好保卫和建设我们的新国家。"

在学校里，雷锋非常勤快。抹桌子、擦凳子、扫地、挑水，能干的他都抢着干，每天都做，持之以恒。回到家里，雷锋又做大量家务活，不因为读书而偷懒。如果中午由于干家务活耽误了作业，他就下午抽时间补齐。

雷锋上课非常专心，学习很刻苦。每一堂课，他都要听懂，从不放过一个小小的疑问。放学了，家务活多，他一边拿着课本念，一边干活。

雷锋的学习成绩优秀，可是，他从来不满足。

有一次，考试成绩出来了，雷锋得了90分，可是，他愁眉苦脸，盯着试卷发呆。

同桌看到雷锋的样子，心想他肯定没有考好。同桌偏过头看了看雷锋的分数。他觉得非常奇怪，问道：“怎么啦，90分还不满意？”

雷锋没有直接回答同桌的话，好像是在自言自语地说：“不应该错的，怎么就错了？”

同桌说：“就一个小错误，算什么？”

雷锋郑重其事地说：“那错误可不小啊。再说，这是一个完全可以避免的小错误，我怎么就没做对？”

同桌不解地摇了摇头。

雷锋最爱听谭老师讲黄继光、邱少云、刘胡兰等英雄的故事。每当谭老师讲这些故事时，他扑闪着的大眼睛里总流露出一股对英雄的无比敬佩之情。在作文中，他淋漓尽致地表达了这种感情——“我要向英雄学习，长大了全心全意为人民服务。”

学校里成立了腰鼓队，要求队员机灵、漂亮，有节奏感，懂音乐。雷锋处处合格，就是个头太矮，影响队列的整体。第一次选拔没有他，他很着急，再三向谭老师要求。谭老师向他解释，说不是因为别的，就是因为他的身高不够。

雷锋振振有词地说：“老师，腰鼓队又不是只打一天两天，打着打着我就长高了嘛！”

谭老师笑了，问道：“你会背诵鼓点子吗？”

雷锋马上表演说：“咚啵，咚啵，咚咚咚啵啵！”

谭老师被雷锋可爱的样子打动了，同意了他的请求。

列队演练了，雷锋怕影响队伍的整齐，踮着脚走，谁也看不出他个子矮。下课了，雷锋敲着桌子练节拍。放学了，他拍打着自己的书包，一边走一边熟悉鼓点。

练啊，练啊，走啊，走啊，雷锋成了一名优秀的腰鼓队员，成了学校最活跃的积极分子。

红领巾，暖我心

区团委在小学试点建立少年先锋队，挑选学校的优秀学生骨干发展一批队员。

建立少年先锋队的消息在全校传播，整个学校都沸腾起来。每一个老师都希望自己班上多几个少先队员，每一个学生都希望自己成为第一批少先队员中的一员。

雷锋递交了申请书，他光荣地成为少先队员。

建队和宣誓的仪式开始了。校园里响起嘹亮的中国少年先锋队队歌，鲜红的队旗随风飘扬。

一条条神圣的红领巾依次戴在第一批少先队员的脖子上，在阳光的照耀下显得格外红、格外艳。

雷锋抚摸着红领巾对自己说："我一定要向革命先辈们学习，我一定要向英雄们学习，做一名优秀的少先队员，用实际行动让红领巾永不褪色。"

雷锋入队后，每天上学都要戴上红领巾，晚上回家他把红领巾叠得整整齐齐放在书包里。每过一段时间，他就将红领巾洗得干干净净。他不但自己这样做，还告诉同学们说："红领巾是我们少先队员的标志，一定要好好地爱护它！"

雷锋积极参加少先队的集体活动，他向同学们宣传参加少先队的光荣，鼓励同学们加入少先队。他遵守少先队的队规，无论谁交给他什么任务，他都很好地完成。雷锋的出色表现赢得了队员们的敬佩，也得到了老师的表扬，不久他就被选为中队委员。

雷锋的内心充满爱，他从小就乐于把爱奉献给别人。然而，在他的心底也藏着恨，一有机会，这恨也会像火山一样爆发出来。

去上学的路上横着一条小河，平常，河上架着一根木头，没有涨水时同学们可以安全地过河。

一场春雨过后，小河的水猛涨，漫上了河堤，水流湍急。小同学们不敢过河，急得直哭。雷锋招呼他们别哭，脱了鞋子，卷起裤脚，一个一个地背他们过河。虽然这时的天气不像冬天那么冷了，但是温度还不高。雷锋赤脚趟过冰凉的河水，刚开始没什么，久了，就有些难以支撑。但是，他咬紧牙，一个接一个，坚持把所有的同学背过河去。

一次，雷锋所在的小学和另一个小学举行文艺联欢晚会。两所学校各自拿出精彩的节目，你争我不让，好不热闹。

雷锋所在学校的一个节目是哑剧《小渔夫》。哑剧《小渔夫》是描写一家渔民在海边捕鱼，被日本兵发现而被抓捕，爸爸被捆绑，女儿奋力反抗日本兽兵的污辱，后来投奔抗日游击队、走上革命道路的感人故事。剧情较为复杂，又是不能言唱的哑剧，只能用观众看得懂的动作、表情来表达剧情，对演员的要求很高。更令女孩子难以接受的是，剧情里有日本兵强暴女孩的情节。

在没有女孩愿意演的情况下，雷锋主动提出自己“男扮女装”，反串角色，老师同意了。

演出开始，雷锋登场了。

渔船出海，日本兵出场。恶狼一样残暴的日本兵抓住了父女俩，父女俩就像掉入狼群的羊。日本兵绑起父亲后，一步一步向他的女儿靠拢，眼看“小姑娘”就要被禽兽般的日本兵玷污了。

突然，令人吃惊的场面出现了。

“小姑娘”不再柔弱，拿起撑船的篙子向日本兵扫去，那么有力，那么勇猛，那么充满仇恨。日本兵被打得拔脚就跑，狼狈逃窜，一直跑向后台。“小姑娘”追向后台，眼睛发红，大有不打死日本兵不罢休的气概。

“雷正兴，你是在演戏！快停下。”老师大声喊道。

听到老师的喊声，“小姑娘”清醒了，扔下篙子，号啕大哭。

这是一场值得记住的反串。雷锋在扮演角色，也在回味一种真实的生活。他的爸爸，他的妈妈……不就和“小姑娘”的命运差不多？

县委书记的『小跟班』

1956年，从小学毕业后，为了不再给乡亲和政府添负担，雷锋主动回到农村自食其力。正好这时候乡政府缺人手，彭德茂便调雷锋到乡政府担任通讯员，兼生产队记工员。

雷锋来到乡政府，除了尽职尽责地做好本职工作之外，哪里需要就到哪里去，从不挑三拣四，从不拈轻怕重。7月至9月间，秋征工作正处在紧张的准备阶段，雷锋见人少事多，就主动帮助造秋征表册。休息时间，他不是到厨房帮着做饭，就是给同志们读当天的报纸。

雷锋在乡政府的出色表现，得到了乡政府的充分肯定，他被推荐到县里工作。

县里觉得雷锋是一个能干的小伙子，非常赏识他。这样，雷锋顺利地来到望城县委，当上了公务员。

作为公务员，雷锋的主要工作是留在县委书记张书记身边，处理各种各样的事情。

“今天，我进了县委机关，是党给我的机会，我要使出全部精力，努力工作，虚心学习，不断进步！”雷锋用几句朴实的话表达了自己的决心。他是这样说的，也是这样做的。

县委开会，雷锋摆桌子，挪凳子，倒茶水，打扫卫生。会开到深夜，他忙到深夜。开完会，他还要加班整理会议室。机关食堂开饭，他和炊事员一起送饭菜，减轻炊事员的负担。文印、收发室繁忙，他又赶紧补位。

冬天，一场大雪从天而降，县里许多同志都担心人行道能不能过。天亮时，同志们起来一看，人行道已经被清扫得干干净净。一打听，活是雷锋干的。

雷锋打扫所有办公室的卫生，同志们怕他太累，劝他歇一歇，他笑着说：“不累，不累。”大家不好意思了，同他抢着干，却抢不到手。

雷锋的表现赢得了大家的称赞，大家都非常喜欢雷锋，亲切地称他为“小雷”。他们从各方面给予雷锋指导，帮助他成长，特别是张书记。在雷锋的眼里，他既是党的代表，又是父辈。张书记对雷锋的影响深入到了他的心灵深处。

一次，雷锋跟张书记出去开会。走着走着，看见路上有一颗螺丝钉。雷锋走上前去，好玩一样一脚踢去，把螺丝钉踢到了张书记面前。张书记捡起螺丝钉，放在口袋里。

雷锋直纳闷，心想：“一个县委书记，捡一颗螺丝钉干什么？”

雷锋不好意思多问，也就忘了这件事。

这天，雷锋要到农机厂去送信。张书记一边把信交给雷锋，一边拿出螺丝钉交给他，说：“咱们国家底子薄，要搞社会主义建设，就得艰苦奋斗，从一点一滴做起，珍惜一点一滴。一颗螺丝钉是小，但螺丝钉有螺丝钉的用处，缺了它，机器就不能正常地运转。我们要懂得滴水积成河的道理啊！”

雷锋的脸红了，他瞪大眼睛看着张书记，心想：“张书记真是看得远啊，真是咱们的好干部，我真是惭愧啊！”

又一次，雷锋跟着张书记到了一个姓刘的百姓家中歇脚，发现这户人家特别穷。

“你家喂几头猪啊？”张书记问道。

刘家主人答道：“一头。”

“为什么不多喂几头？多喂几头可以多些余钱，改善生活啊！”张书记说。

“没钱买小猪。”刘家主人回答说。

张书记掏出自己身上所有的钱，说：“我帮你一些吧！买头小猪好好喂，日子会越来越好的。”

雷锋也掏出钱，说：“我也帮一份。”

张书记马上制止说：“小雷，全县委机关就数你的工资最低，你不要拿。”

雷锋笑起来，说道：“您的工资高，您一家几口人？一口人平均几个钱？我的工资低，我只有一个人啊，按人均工资，我是最高的呢！”

张书记没有多说，两人硬是给刘家主人凑够了买一头小猪的本钱。刘家就靠着这些钱换来的小猪，度过了最艰难的日子。

1957年2月8日，雷锋光荣地加入了中国新民主主义青年团（5月改名为中国共产主义青年团），同时被评为县委机关的工作模范。

沸腾的『战场』

“我是中国共产主义青年团的一员，我将以更高的标准严格要求自己，为新中国的建设服务，为人民服务。”加入中国共产主义青年团的当天晚上，雷锋躺在床上，把手放在胸口上，默默地给自己鼓劲，给自己下决心。

流经望城的沩水河，过去因河道迂回，水流不畅，给沿河一带人民带来很多灾难。1957年10月，望城县委决定对沩水河及附近的八曲河及团山湖进行彻底改造。

治沩工程开始了。

听到这个消息，雷锋激动不已。他决定到工程一线去工作，早日为沩水河畔的百姓远离水灾出一份力。

★ 31

雷锋的申请书送到了张书记手里，张书记觉得雷锋是一个非常不错的同志，实在舍不得他走。不过，转念一想，雷锋在县委机关待了一段时间，如果能够到基层锻炼锻炼，对他是一件大好事。再说，雷锋自己提出这样的要求，说明这是一个不错的孩子，应该给他机会。

张书记有意考验一下雷锋，想看看他是真想去工程一线，还是装装样子，做给别人看。他故意没有马上答复他。

雷锋急了，几日不见回音，又写了一张申请书。他一边把申请书交给张书记，一边深情地说："治沩工程这样重要，我不去，会后悔一辈子的！"

张书记接到雷锋的第三张申请书后，在上面签上了"同意"二字。

第二天，雷锋背着自己简单的行李来到了工地上。他担任望城县治伪工程指挥部通讯员。

十一个大队，两万多人马，像一个长蛇阵，在河岸布开。到处是欢声笑语，到处是劳动的号子声。

工地的气势让雷锋感动不已，他马上投入紧张的劳动中。衣服都被汗水湿透了，手脚裂开了，雷锋顾不上这些。他不知道摔倒过多少次，每一次都是赶快爬起来，继续劳动。

有时太投入了，雷锋没有赶上吃晚饭的时间，饭都凉了，他就用开水泡泡，津津有味地吃起来。

“你真傻，在机关待着不舒服些，用得着下来吗？”一些人看到雷锋，不解地问他。

“我才不傻呢！这样热闹的场面，我能不来吗？这样的机会，我能错过吗？我吃过那么多苦，还怕这个？我还年轻，需要在这样的劳动中锻炼锻炼自己。”雷锋回答说。

当晚，雷锋在笔记本上写道：

以革命的名义，想想过去。

以革命的精神，对待现在。

以革命的志气，创造未来。

轰轰烈烈的治沩工程提前结束了，工地上张灯结彩，欢庆胜利。雷锋远望着绵延的新河堤，心里涌现出无穷的骄傲和自豪。

是啊，不是在新中国，这样的工程能修好吗？如果没有参加这样的劳动，难道不是遗憾？

雷锋在治沩工程中表现突出，成绩显著，被评为治沩模范，参加了庆功大会。

搞定拖拉机

1958年春天，县委决定在团山湖开办一个农场，把杂草丛生的湖沼地变成鱼米之乡。

全县青少年响应县委的号召，在县团委的提议下，准备为农场捐献一辆拖拉机。

得到消息，雷锋立刻捐出自己平时省吃俭用节约下来的20元钱，亲自送到团支部，说："我每月领的钱用不完，全交给农场买拖拉机吧！"

在这次捐献活动中，雷锋是全县青少年中捐献最多的一个，受到了表扬，组织上还给他发了一个纪念证书。

县委的领导知道了雷锋慷慨捐献的

事，都非常高兴。

张书记叫来雷锋，问他说：“听说你把节约的钱全部捐献出去用来买拖拉机了？”

雷锋觉得张书记问得好奇怪，笑着说：“这样做不对吗？”

张书记笑着说：“对，应该这样，这表现了你对社会主义建设的热情。”

停了一下，张书记接着说：“我们研究过了，让你到农场去学开拖拉机，怎么样？”

“是吗？”雷锋太高兴了，马上回答说，“行！太好了。”

刚刚筹建起来的团山湖农场，一万多亩土地像正在沉睡一样，杂草丛生，一片荒芜。

春耕的号角已经吹响，岁月催人，但是，拖拉机还没有开进农场。

雷锋的手痒痒的，他按捺不住内心的激动，盼望拖拉机早日开进农场，好快些显显身手。

拖拉机开进农场了。

雷锋早早地等在农场入口，迎接着他的“铁朋友”。

傍晚，拖拉机到了。

雷锋爬进驾驶室，瞧瞧这里，摸摸那里，搞个没完。

“下来吧，别急，以后有你弄的。”师傅笑着说。

开始学习驾驶拖拉机了。每天早晨，雷锋一大早就来到拖拉机旁，先是查查这个，看看那个，生怕拖拉机有了小毛病不能得到及时的修理，酿成大毛病，然后来到驾驶室，把驾驶室整理好，擦得干干净净。师傅来了，所有的准备工作都做好了，一启动就可以出工了。上工时，他坐在师傅旁边。一边给师傅当助手，一边仔细观察师傅的动作，听师傅讲解。收工后，雷锋让师傅先回去，他留在驾驶室里琢磨这个，思考那个,有时回忆师傅的动作，有时照着师傅的动作反复练习。

晚上回到宿舍，雷锋还是没有闲下来。尽管很累，直想睡觉，但是，他忍着，一页一页地啃着关于拖拉机驾驶技术和修理方面的书籍。刚开始看不懂，他看得很慢。但他不着急，有问题就在第二天请教师傅，一定要搞懂。

一次，雷锋收工回来，边在食堂吃饭，边拿着书看。书一页一页地翻过去了，饭没有动几口。

“看，雷锋把拖拉机开到食堂来了。”“是啊，有了拖拉机，饭都不要吃了。”同志们看到雷锋的样子，纷纷开玩笑说。

勤奋和钻劲使雷锋的驾驶技术进步非常快，不到一个星期，他就能够熟练驾驶拖拉机了。

天气越来越热了，距播种的时间越来越短了。

雷锋和另外的拖拉机手日夜劳动，人休息，拖拉机不停机。终于，一万多亩土地都被翻了个遍。

哪里需要奔哪里

1958年11月，鞍山钢铁厂和湘潭钢铁厂到县里招收青年工人。消息很快传到了团山湖农场。

农场的职工们热切地讨论着招工的事儿。

“鞍山钢铁厂在东北，那地方好冷。”

“是啊，听说鼻涕一流出鼻孔就结成冰了。”

“那地方太远，去了就难得回来了。”

“要去就去湘潭钢铁厂，不要去鞍山钢铁厂。”

雷锋非常坚定地说：“我愿意服从党的安排，如果让我去，我就到祖国最需要的地方去。冷怕什么，我就想去鞍山钢铁厂。”

雷锋向农场领导了递交了自己愿意去鞍山钢铁厂的申请书，农场领导舍不得雷锋，但是，考虑到祖国的需要，考虑到要支持工业建设，他们还是决定让雷锋去。

雷锋高兴极了，他主动陪鞍钢负责招工的同志，到各公社、大队的群众大会上现身说法，鼓励青年们响应党中央和毛主席的号召，到最能体现自己价值的地方去锻炼。面对个别思想摇摆的青年，雷锋单独和他交谈，细细地做工作。在雷锋的帮助下，鞍钢的招工任务很快就完成了，四百多人准备北上。

在雷锋的心里一直藏着一个心愿，他想到毛主席的故乡——韶山去看一看，去听听毛主席故乡的人讲述毛主席的故事。

雷锋的心愿随着北上日子的临近越来越强烈。

雷锋和几个朋友谈起自己的心愿，几个朋友也有相同的想法很久了。

“真是太好了！”雷锋高兴地说，“让我们一起去吧！”

这天，雷锋和朋友们来到了韶山。他们看到了最为尊敬的领袖的故居，听到了许许多多关于毛主席的故事。尤其是毛主席帮助毛四阿婆的故事，深深地扎根在雷锋的心底。

毛四阿婆是毛主席家乡一个贫苦农民，日子过得很苦。

一个夏日，天突然下起了暴雨。

毛主席赶紧去晒谷坪收谷子。

来到晒谷坪，毛主席看到毛四阿婆正着急地跑向自家的晒谷坪。

毛主席心想：“毛四阿婆家的谷子不及时收起来，肯定会淋湿，淋湿了，她家吃什么？”

想到这，毛主席赶紧跑过去，帮助毛四阿婆收谷子。

毛四阿婆家的谷子收好了，毛主席才想起自家的谷子，马上跑回来。自己的谷子早就淋湿了，部分还被雨水冲走了。

“毛主席真是了不得，那么小就懂得关心别人，只考虑别人的利益，而忘记了自己的利益。我要努力做这样的人。”雷锋心想。

推土机，谁怕谁？

雷锋在鞍钢的新工作是在总厂洗煤车间当推土机司机。

鞍山刚刚下过一场雪，快年底了，生产任务非常重，前段时间作业班因为缺少一名推土机司机，影响了推煤进度，以致影响了整个全年任务的完成速度。洗煤车间主任白明利看到这种情况，心里十分着急，要求派一位思想好、身体棒、懂技术的青年来。

白明利看过雷锋的材料，知道他是一名拖拉机手，是工作模范。听说要派他来当推土机司机，白明利觉得很满意。可是，雷锋往眼前一站，就有些疑虑白明利。

“这个青年实在是太单薄瘦小了，他能行吗？”白明利心里直打鼓，足足看了雷锋十几秒钟，似乎是无可奈何地对送雷锋的同志说：“好了，我收下他就是了，大不了让我当个保姆。”

雷锋听了白明利的话，很不服气，当即回答说：“请白主任放心，我是不会让你当保姆的。”

司机李长义不在，白明利指着推土机说：“今后就学它。你的师傅姓李，是这台推土机的司机，是个好老头。”

说罢，白明利走了。

雷锋的好奇心被激发了，他先是围着推土机看了一圈，然后爬上驾驶室，摆弄着各式各样的操纵杆。

李师傅回来了，看到雷锋在推土机的驾驶室里，问道：“喂，你是谁家的孩子？不上学，怎么跑这儿来捣蛋了？”

雷锋一看，猜这人就是自己的师傅了。他从驾驶室跳下来，笑着说：“您是李师傅吧？我是您的新徒弟啊。”

李师傅明白雷锋就是新来的学徒，他可没想到领导怎么会派这么小一个人来开庞然大物般的推土机。

“跟我学徒，我可把丑话先说在前头。这是老式的重型机械，驾驶起来，震动特别厉害，劳动强度特别大，技术又非常复杂。冬天，坐在驾驶室里面，比坐空地上还难受，不但颠簸，还特别冷。热天，驾驶室里比外面热多了。你可得有思想准备。”李师傅解释说。

“再苦再累我都不怕，师傅，您只管教，教会了，我开着它就是。”雷锋回答。

李师傅对雷锋的回答很满意，他笑了。

从这天起，雷锋对推土机着了迷，他拿出自己学拖拉机时的劲头。一个多月后，雷锋掌握了推土机的驾驶技术，成了一名熟练的推土机司机。

李师傅逢人就高兴地说：“我当推土机司机这么多年，带的徒弟也不少，还没有一个徒弟学得雷锋这么快。这真是一个好孩子。”

雷锋善于动脑筋，他喜欢琢磨推土机的技术难题。老式的推土机在冬天经常出毛病，他就常常站在雪地里细细地琢磨，把推土机的零件拆了装，装了拆，仔细研究。许多困扰师傅们多年的难题，雷锋都一一找出了答案。

一天中班，煤场上堆起了几堆大煤堆。推土机要爬上煤堆才能更好地推煤，可是才上坡就熄火了。雷锋觉得很奇怪。

“怎么会这样？”他直纳闷。

“老式推土机就是这样，爬坡爬到一定的高度就不行了。”李师傅介绍说。

“推土机不能爬坡，怎么推煤，又怎么完成任务？”雷锋说。

李师傅懂这个道理，可是他没有办法解决这个问题啊。

这天吃了晚饭，雷锋就独自待在宿舍里，他下定决心一定要想出解决问题的办法。

一边看说明书，一边写写画画，一边思考，雷锋整晚没睡，眼睛熬得红红的。

第二天清早，见到师傅，雷锋说：“推土机在坡度大的地方作业，由于发动机超负荷运转，造成汽缸里进油和空气比例失调——空气进得多，发动机肯定会熄火。”

李师傅一拍大腿，高兴地说：“是啊，就是这个道理。”

师徒二人赶快调整了推土机汽缸里的进油量，推土机熄火的问题解决了。

“你比师傅强啊！”李师傅由衷地对雷锋说。

雷锋憨厚地笑了。

当时，鞍钢化工总厂大办民兵师，推土机组是个民兵班，主要任务是保证安全生产。为了激励大家，推土机作业班每个星期评一次生产标兵，每月四次。连续三个月全是“标兵”的人，就是“季度先进生产者”。雷锋开了三个月的推土机，12次被评为“标兵”，自然就成了“季度先进生产工作者”的“三连冠”得主。

1959年8月，鞍钢在弓长岭矿山新建了一座焦化厂，急需调集一批人去参加基建。

弓长岭矿山位于一个山沟沟里，离市区很远，大多数青年工人都不愿意去焦化厂，报名的人数少得可怜。

雷锋主动申请到艰苦的岗位去。

焦化厂的基建工作是一件特别苦、特别烦也特别累的工作，很多事都要靠手提肩挑。这里的工作一环套一环，前一个环节出了问题，整个工作都会受影响。看到这一点，雷锋主动请缨成立了青年突击队，自己担任组长。哪里有最脏最累的活，哪里就有青年突击队队员的身影，哪里就有雷锋的声音。

冬天来了，天格外冷。寒风一阵阵刮来，冷气似乎吹进了骨头里。

工地的地基已经打好了，马上转入砌砖墙的工作。

“挑水和和泥可是最艰苦的工作。”

“是啊，冬天的水多冷啊，一不小心，衣服、裤子就湿了，别提多难受啦。”

“这还不算，问题是和泥多苦啊、多累啊，工作量多大啊！”

一些人在议论着。

雷锋可不管挑水和和泥有多累，他联合几个共青团员把这项工作给承担下来。

和泥的工作看起来简单，实际上可不是那么回事。先要准备土，接着要挑水，然后一边翻动土，一边放水，将土和成泥。泥太软了，不好砌墙；太硬了，又砌不上。几天之后，雷锋发现，砌墙的师傅上班后常常要等一段时间才能正常工作，因为和泥需要一段时间。

“这不影响工作进度吗？”雷锋看在眼里，急在心里。

第二天早晨，当大家来上班时，发现已经有现成的泥等着他们了。原来，雷锋早来了有两个多小时，他和好了一些泥，以便砌墙的师傅一来可以马上开工。

砌墙的师傅反映泥没有和匀，一些泥土没有揉碎，融合在泥里。雷锋仔细一看，发现和好的泥里确实有好多小小的土粒，泥没有和匀就是这些土粒在作怪。但是，如果仅仅用铲子翻，是不可能将这些土粒揉碎的。

“只有用脚踩了。”雷锋说。

“这么冷，怎么行？再说，泥土对脚恐怕有

害。”有人说。

雷锋没听这么多，他脱了鞋袜，跳到泥堆里，一个劲地踩。泥踩匀了，砌墙的师傅满意了。

工段的领导来检查工作，发现雷锋赤着脚在踩泥，连忙叫人拿来靴子。有人穿上靴子，试图像雷锋一样踩泥，哪知靴子一踩到泥里就抽不出来，不但费劲，而且效率低。

“还是我这样干脆！”雷锋笑着说。

墙砌得越来越高了，送泥的工作越来越吃力了。

雷锋一边踩泥，一边琢磨。只见他一会儿这样比画，一会儿那样比画。

“我看，我们可以做一个土式吊斗。”雷锋一边说，一边用手势告诉同志们怎么做。

在雷锋的指挥下，一个三脚架子扎起来了。一根长长的木棍架在三脚架上，一头系着漏斗，一头系着一根绳子。装泥的时候，把漏斗放下来，木棍的另一头高高地翘起，绳子垂到地上。等泥装完了，用力拉绳子，漏斗就升上去了。这样，既省力，效率又高。

『滚烫』的入伍通知书

1959年年底，国家的征兵命令下达后，辽阳市开始了征兵工作。焦化厂为了把国家的征兵精神贯彻下去，召开了应征青年会议。

“当兵是我们的义务，保卫祖国是我们的光荣职责。我坚决要求党总支批准我报名应征。”雷锋第一个发言，神情慷慨激昂。

焦化厂的应征青年会议开完，全厂职工征兵动员大会接着召开。厂长的报告刚作完，雷锋第一个登上讲台，表达志愿参军的决心。在雷锋的带动下，几十个青年依次登台，动员大会的气氛非常热烈。

按照时间表，第二天应征青年才报

名登记，可是，晚上，雷锋的心绪很不平静，坐也不是，站也不是，睡也不是。10点多钟，他敲响了焦化厂党总支李书记办公室的门，李书记已经睡觉了。

“李书记，我能应征入伍吗？”一进门，雷锋就问。

“小雷啊，外面下着雪，你穿这么点衣服，不冷啊？”李书记赶紧把棉衣披在雷锋的身上，对他说：“你赶紧回去休息，冻坏了身体，怎么参军？我会尽力支持你的。”

李书记害怕雷锋冻坏了身体，说了违心的话。在心里，他是不愿意放雷锋去参军的。雷锋在焦化厂工作四个月，是先进工作者，是骨干，曾两次被评为红旗手。这样的同志怎么能随便放走呢？

认定了目标，雷锋总是锲而不舍地去实现，不达目的不罢休。李书记不支持自己参军的态度，雷锋很快就看出来了，他几次找李书记谈心，介绍自己的情况，表达自己的决心。李书记被雷锋的精神感动，同意了雷锋的要求。

报名以后，雷锋激动而又焦急地等待着。可是，一连几天，都没有消息。雷锋急了，他请了假，干脆跑到辽阳市人民武装部询问情况。他向接待的同志讲述了自己的家史，诉说了自己的心愿，恳切地说明了自己要求参军的志愿和决心。

武装部的同志听了雷锋的话，很受感动，把他编入预备部队，让他暂时留在新兵集中站。

雷锋一到新兵集中站，就没有停下来。搞卫生，整理内务，哪里有需要，他就出现在哪里。

短短的几天日子，武装部和部队来接新兵的荆营长等人都觉得雷锋是一颗非常好的苗子，是难得的有志青年，他们商量以后，决定让他正式入伍。

雷锋的愿望实现了，他高兴地拿着入伍通知书回到了工厂，向领导们报喜，向同志们辞行。

新兵就要出发赶赴部队了，武装部的同志紧握住雷锋的手，殷切地提出希望说："我们等着你入伍后的好消息。"

"请首长放心，我会努力的。"雷锋用简单的话语给出了非常坚定的答复。

伴着好心情，雷锋一行乘坐的火车缓缓地驶进了营口车站。他所在部队是驻防营口的沈阳军区工程兵工程第十团。

“这位小同志是大家推选出来的新战士代表。”荆营长向首长介绍道。

雷锋向首长敬了个礼。

“你叫什么名字？”首长问道。

“雷锋——打雷的雷，冲锋的锋。”雷锋回答道。

“好响亮的名字啊！”首长拍拍雷锋的肩膀接着说，“等一下，我们就要召开欢迎新战士的大会，要请你这位新战士代表发言。”

新战士欢迎大会在露天坪里召开，天空中飘着雪花，很冷。可是，每个战士的心头都热乎乎的。

“敬爱的首长和老大哥同志们，让我代表新战士……”

一阵风吹来，雷锋的发言稿被吹乱了。

很多人都替雷锋捏着一把汗。

雷锋理了理发言稿，怎么也理不平。他干脆不要稿子，来了个即兴发言。

“我们这些新战士，能在60年代开门红的日子里穿上军装，来到革命大家庭，感到非常光荣。我们都来自五湖四海，来自祖国的四面八方，有工人，有农民，也有学生，可我们只有一个心眼：为了保卫祖国，一定要当个像样的兵，决不辜负首长和老战友的期望……”

雷锋一讲完，台下响起了雷鸣般的掌声。

军营是我家，全心爱着它

新战士很快就投入了新兵训练。

练队列，练姿势，熟悉枪支……

雷锋把所有的注意力都调动起来了，他双眼紧盯班长，生怕漏过示范动作的每一个细节，一边聆听班长的解释，一边仔细理解每一句话，用心记住。

一段时间下来，雷锋以挺拔的军姿、标准的动作赢得了战士们的肯定，赢得了班长的称赞。班长高兴地说："雷锋，你真是一个标准的战士！"

雷锋是一个新战士，可是在照顾战士们的时候，他特别像一个老战士。训练时，自己掌握了动作要领之后，他就帮助那些领悟慢的战士；吃饭时，他给大家读报纸；休息时，他帮助战士们整理内务，搞卫生。

“雷锋真是一个闲不住的人！”战士们亲切地说。

这一天，雷锋病了，发高烧，难受得很。可是，他怕自己的病影响部队的正常训练，就硬撑着，像没事人一样。

晚上，大家累了一天，很快进入了梦乡。雷锋怎么也睡不着，辗转反侧。

荆营长来到营房，拿着手电筒，像父亲一样，挨个检查每一张床。这个战士的被子掉在地上，他捡起来给战士盖上；那个战士的被子踢开了，他拉拉被角，替战士盖好。

“荆营长真是太好了，白天和我们一样待在操场上，晚上还要替战士们着想。”雷锋心想。

雷锋怕荆营长发现自己没睡着，替自己担心。当荆营长快走近时，他用被子盖住头，假装睡着了。

荆营长来到雷锋床前，心想：“这小鬼，睡觉还蒙着头，好不卫生。”

荆营长拉下被子，手触到雷锋的额头。

“好烫。”荆营长吃了一惊，小声问道：“发高烧，怎么不早说？”

荆营长快步走出营房，一会儿，就带着医生回来了。

“快，让医生给你看看。”荆营长压低声音说。

雷锋起床，医生给他仔细检查身体。

荆营长端来一盆热水，让雷锋烫烫脚。见雷锋的被子掀开了，连忙捂好。

一切都妥了，荆营长对雷锋说：“要爱惜自己的身体，有病要及时告诉我们。好好睡吧，睡一觉，出一身汗，就好了。”

说完，荆营长有些不放心地走了。

雷锋躺在荆营长捂好的热乎乎的被窝里，感动得流下了泪水。这泪水是感激的泪水，也是自豪的泪水，他为能在这样的部队里生活感到无比光荣。

雷锋的身体恢复了，又投入到紧张的新兵训练中。

这回，新兵营进行野外行军训练，同时为部队砍柴火。

砍柴火的山离部队驻地很远，快中午，才到达目的地。

“先吃饭，吃完饭，就开始劳动。”荆营长宣布说。

战士们席地而坐，各自拿出准备好的盒饭就餐。

一个战士呆呆地坐着，两手空空的，没有盒饭，一副好委屈的样子。

雷锋走过去，细细询问。

原来，这个战士在行军的路上因为太饿了，把准备中午吃的饭给吃了。

雷锋一边把自己的饭递到战友手里，一边说：“我胃有些不舒服，不想吃饭，你吃了吧。”

战士肚子有些饿，听雷锋这么一说，也就没有推辞，接过饭盒。

累了一上午，雷锋实在有些饿了，但是他想：“战士吃饱了，我心里高兴，比自己吃饱还舒服些。”

从『不及格』到『优秀』

投弹训练开始了。

战士们一个接一个投弹，成绩非常好。轮到雷锋了，他拿起教练弹，手不由自主地往下一沉。

一连几次，雷锋都离及格线长长一段距离。

“雷锋啊，以后可要进行实弹测验啊！”班长知道雷锋心里难受，没有多说什么。

“我一定要加强训练，成为优秀的投弹手。”雷锋下定决心。

别的战士休息了，雷锋一直在操场练。

一次，两次，三次……

雷锋用劲把教练弹投出去，跑步把教练弹捡回来再投。

一个小时过去了，两个小时过去了……

雷锋忘记了时间。

“我投不远，是因为臂力太小。现在，我不能考虑远不远，只有通过反复地投，提高臂力，最终才能投远。”在雷锋的心里，思路非常清晰，目标也非常明确。

熄灯的哨声响了，雷锋没有听见，还在继续投弹。

“雷锋！”突然有人严厉地喊了一声。

雷锋一惊，转身一看，原来是班长。

“哎哟！”班长一拍雷锋的手臂，雷锋忍不住叫了一声。

“你看，快别练了，这样练下去，手臂都会练废。”班长说。

“班长，让我再练一会，我不想拖全班的后腿。”

“行啦，先睡觉，明天再练。”班长不容商量地说。

雷锋跟着班长回到宿舍，实在是太累了，倒头便睡着了。

第二天早晨，战士们听到起床哨声，一骨碌爬起来，发现雷锋的床上没人。

“雷锋到哪去了？”战士们觉得奇怪。

来到操场上，只见雷锋满头大汗，衣服都湿透了，直冒热气。

“雷锋，你练了一个晚上。”战士们开玩笑地说。

雷锋憨厚地一笑，回答说：“才练了两个多小时，不知道有没有效果。”

几个星期过去了，雷锋一直在练。他一次次地给自己加码，一次次地告诫自己要坚持。有时，手臂实在是太疼了，每投一次，就像把手臂上的肌肉撕下来一次。

个别战士不以为然地笑话雷锋说：“雷锋，算了吧，身体是天生的。看我，从来不练，投那么远，你再练也没用。”

雷锋没有说什么，只是笑一笑。其实，雷锋在心里说：“哪能说没用呢，我不会停下的，我会坚持的。”

经过不断的练习，雷锋仿佛感觉手臂上的肌肉似乎粗了一些，似乎有劲一些了，他知道自己离成功越来越近了。

实弹打靶的日子到了，战士们一个个都投出了不错的成绩。

“雷锋就位！”轮到雷锋投弹打靶了。

“别紧张，沉住气。”班长有些担心，交代说。

“嗯！”雷锋应了一声，走上前去，拧开手榴弹盖子，将小铁环套在手指上。手指一拉，手臂一扬，动作非常熟练。

手榴弹在天空中划出一道美丽的弧线，准确地命中目标。

“优秀！”指导员报出了成绩。

“成功了，祝贺你!”战士们大声地祝贺雷锋。

这时，雷锋的心情倒非常平静，他笑笑说：“还要练，还要练！”

幕后也英雄

1960年1月，紧张的新兵训练结束了，雷锋被分配到运输连，学习汽车驾驶。

团里正在成立一个演出队，需要有文艺特长的战士，他们想到了雷锋。

“雷锋，指导员找你。”

刚刚来到运输连，雷锋正要到新兵排去接受任务，连部通讯员来叫他。

雷锋赶快来到连部。

“有任务？”指导员对雷锋说。

“任务？什么任务？”雷锋一听有任务就兴奋，连忙问。

“别急，是让你当演员。”指导员说。

“当演员。”雷锋有些吃惊地说，

“不会吧，我可是战士。”

指导员笑着说：“团里成立了演出队，你是文艺积极分子，调你去，有意见吗？”

“服从组织安排，没意见。”雷锋说。

团政治处俱乐部的陈助理员负责演出队的工作。他发现雷锋不但灵活、聪明、嗓门清脆，而且做事努力，适合排演节目。可是，许多人反映雷锋的话有些听不懂，尤其是讲得快的时候。

“这样会影响演出效果。”陈助理员和俱乐部的领导商量着雷锋能否参加演出的问题，“普通话又不是一天两天能够学好的，我看还是换下雷锋。”

“这怎么开口呢，好端端地把人从一线调上来，又不能上台，真不好办。”有人担心雷锋会有想法，说出了自己的意见。

“我们演出队倒是需要一位负责剧务工作的人，不然，让雷锋担任这个工作？”可是，他会接受吗？演出队似乎碰到了难题。

“还是叫宣传股的吴广信和雷锋说一说吧，要他讲清楚，否则会影响演出队的工作。”陈助理员说。

吴广信觉得新战士在部队待的时间短，不很了解部队的生活，做起思想工作来，肯定很麻烦。他反复想了很久，和雷锋谈话时如何开头，如何慢慢把事情告诉雷锋，希望雷锋理解。他想得很多，差不多想到了所有的问题。觉得自己设计的谈话思路没有什么纰漏了，吴广信找到雷锋。

雷锋开始有些听不明白，最后懂了，他笑着说："我服从安排，叫我干什么，我就干什么，只要有事干就行。"

吴广信非常感动，在心里赞叹："雷锋的觉悟真高，比好多干部的觉悟都高。"

剧务工作是一项杂活，事情多。雷锋一件一件地做，不厌其烦。每天早晨，雷锋清早起床，给演员们烧好洗脸水。同志们排练时，雷锋把烧好的开水送过去，一碗碗递到演员们手里。每次排练之后，雷锋让演员们早些休息，自己整理道具，打扫卫生。演员们太忙了，没来得及洗衣服、床单、被子，雷锋便把他们的脏衣服、床单、被子拿过来，一件件洗好，晾干，送到他们手里。

“雷锋，辛苦了，这叫我们怎么好意思呢？”演员们接过雷锋洗得干干净净的衣服、床单、被子，非常感激地说。

雷锋笑着说：“你们在‘一线’非常辛苦，我在‘二线’，这是应该做的。”

有一次，一位演员感冒发烧，雷锋知道了，主动为他拿药，倒开水，看着他把药服下去，再坐在一边问寒问暖，念报纸给他听。

演出队的演出非常成功，得到了观众和领导的好评。雷锋虽然没有登台，但是，他心里照样高兴。在观众雷鸣般的掌声中，雷锋笑得特别开心，特别甜。

运输连里的汽车模型

演出队的演出任务完成后，雷锋回到了运输连。

其他战士已经学完了汽车驾驶理论课，雷锋却因为演出任务耽搁了好长一段时间。

“别人跑在前面好远了，我得努力赶上去，不然，就要落后了。”雷锋心想。

雷锋焦急地找到排长，排长也是汽车教练员。

雷锋恳切地对排长说：“排长，我落后了，你得赶快让我赶上去啊。请相信，我自己会努力的。”

排长一边把一本《汽车驾驶》的书给雷锋，一边说：“你下连晚了，急也没有用。一时上不了车，晚几天就晚几天吧。”

“怎么行呢？”排长这么一说，雷锋更急了。他悄悄地攥紧了拳头，好像要把所有的力量集聚起来，赶快补上拉下的理论课，争取和战士们一起上车。

翻开《汽车驾驶》，雷锋就想起了毛主席著作《实践论》中阐述的道理：理论只有与实践结合起来才有用。他一边看书，一边回想以往掌握的拖拉机、推土机的知识，对比起来思考。他觉得这样对汽车方面的知识理解更深刻，也更容易些。白天，所有的教练汽车都要用，没有空。到了晚上，雷锋拿着手电筒来到汽车旁。先是细细地观察外观，然后爬到驾驶室里面，熟悉汽车的每一个部件。清早，别的战士还在睡觉，雷锋就来到了汽车停放的地方，对照汽车，加深对书本知识的理解。

雷锋熟悉了汽车的构造原理、机械性能，也赶上了战友们的进度，一起进入了练习驾驶的阶段。

教练车太少了，不够用，过很久才能等到练习的机会。

“有什么其他的办法吗？”雷锋问排长。

排长回答说："汽车只有那么多，要想多练习，就只有做模型。"

"好。"雷锋马上和几个战友商量怎样做汽车模型。

第二天，雷锋和战友把一堆废旧的材料摆到了排长面前，排长真没想到雷锋说干就干，动作好快。他想了想，画了张草图，告诉雷锋他们关于汽车模型的做法。

雷锋先是当木匠，拿着锯子和凿子鼓捣了半天，然后做铁匠，拿着铁皮、铁条敲了几个小时。

第三天，雷锋他们的汽车模型式训练台大功告成。

他们做的汽车模型式训练台很逼真，也很科学，战士们产生了浓厚的兴趣，纷纷上去操作。

战士们在操作的时候，雷锋在一边笑呵呵地看着。等大家觉得模型到底只是模型，没有多少兴趣的时候，雷锋上台了。

雷锋紧握方向盘，一只脚踩离合器，一只脚不时地踩刹车或者油门，同时还不忘了挂挡。他把模型当真的汽车开，反复训练，一直到非常熟练为止。

可以上真正的汽车过瘾了。雷锋一进入驾驶室，就像老司机一样，非常熟练地操作着。

“模型的作用还真不少，我们低估了。”战友们看到雷锋熟练的样子，都很羡慕，不由露出些后悔的神色。

雷锋自己开车上路了，他把坐在身边的战士当做评判的老师，问他们很多问题：

“我开的车稳吗？”

“我开的车速快吗？”

“汽车的方向、刹车适当吗？”

身边的战士看雷锋的样子非常诚恳，就详细地把自己的感受都告诉他。雷锋把战士们的话记在本子上，慢慢琢磨。

瞧这『汽车迷』！

一些战士能开着汽车上路了，有些沾沾自喜。

排长发现了这种现象，批评说："当汽车司机没这么容易，不要以为会开汽车就行了。汽车也没这么简单，要全面掌握它的性能不是件容易的事。想一想，如果汽车在荒郊野岭抛锚了，怎么办？要记住，一个好汽车司机，也应该是一个好的汽车修理工人。"

雷锋和一些战友一边努力学习驾驶技术，一边钻研汽车结构。排长对一些战友的批评给了雷锋他们学习汽车技术的动力，大家更努力了。

"雷锋简直成了汽车迷。"战友们笑

着说。

是啊，雷锋整个心思都扑在汽车上，白天学，晚上复习，睡着了，做梦都在开汽车。

雷锋抓住一切机会了解汽车，学习汽车驾驶技术。

外出办事坐公共汽车，雷锋总是站在司机后面，仔细盯着司机的一举一动，细心体会着司机在各种情况下的操作变化。

一次，雷锋坐兄弟部队的卡车回营，途中发现汽车突然减速，他急忙透过驾驶室的后窗往里看，只见司机拉了一下“阻风”，做了一个上坡时才用的动作，觉得有些奇怪。车停之后，他马上请教司机为什么会做这个动作。司机告诉他：想判断一下自动减速的故障是出在油路上还是出在电路上，拉“阻风”是最简单的办法。雷锋大受启发，回去就告诉战友们，和战友们一起在实践中体会这招的效果。

出车途中，只要有条件，雷锋就和助手互相出题目，锻炼排除故障的本领。

有一次，汽车上豆粒大的火花塞帽不见了，到处都找过了，就是找不着。

“算了，反正不会有什么事。”助手说。

“要是火花塞帽掉进汽缸里，可不是小事，会发生意想不到的事故。再说，这也是考验我们判断能力的一次机会，我们赌一赌看火花塞帽是不是掉进了汽缸里吧！”雷锋说。

天气很冷，又是出车在外，要打开汽车的汽缸不是件容易的事。

雷锋和助手毫不犹豫地冒着零下20摄氏度的严寒，将车头机器拆开，整整忙了四个小时，终于在汽缸里找到了火花塞。

“还是我赢了。”雷锋高兴地说。

实际上，在雷锋的心里，更高兴的是发现了汽车的故障，避免了国家的财产受到损失。

在部队开汽车可不像在地方上，得时刻准备着上前线。有人或许会说，有那么多仗打吗？仗或许没有这么多，但是，雷锋认为，平时不以实战的姿态作准备，真打仗了怎么办？

雷锋时刻以实战的要求严格对待自己的训练，他把从实战要求出发看做是学习过硬本领和提高技术的重要方法。

一个寒冷的冬日，气温是零下20多度，在野外站一会儿，衣服上就会结上白白的一层霜。

雷锋和小韩战士分在一组对汽车进行三级保养。

汽油黏黏的，粘在手上，寒风一吹，手指像刀割一样难受。

“干脆燃起木炭，边烤边干吧。”小韩冻得有些受不了了，建议说。

“嗯。”雷锋的双手差不多冻僵了，他也很想烤火，可是，转念一想，“不对啊，如果在战场上，能容我们考虑烤火的事情吗？”

想到这，雷锋说：“练兵要从实战出发，难道打起仗来，我们还能抬着火盆上战场？”

小韩有些不能接受，雷锋耐心地说：“过硬的本领是从困难中锻炼出来的，艰苦锻炼人的意志。”

小韩想通了。

两个人在冰天雪地里，克服困难，充满热情地干着。放下了包袱，反倒不觉得那么冷了，做事的效率也高了。这一天，他们两个对三辆汽车进行了保养，出色地完成了任务。

知错就改

刚刚进入部队的时候，雷锋有时对部队的纪律不太适应，不自觉地违反了纪律。

一个星期天，雷锋以为放了假，可以随便外出。他谁也没有说，就跑到街上去照相。

指导员知道了，特意找到雷锋。

“雷锋，你今天上街请假了吗？”指导员问。

“没有。”雷锋低下头，很不好意思地回答说。

“这样不好哇，部队嘛，要有严格的组织纪律，不论做什么都要请示报告，星期天外出也要说一声。如果军队没有严格的组织纪律，就会成为一片散沙，那怎么能战胜敌人呢！毛主席说，我们这个军队之所以有力量，是因为所有参加这个军队的人，都具有自觉的纪律意识。邱少云同志就是我们学习的榜样，他在战场上，敌人的燃烧弹烧着了他的衣服，可是，他为了不暴露目标，宁愿烈火烧身也一动不动，一直坚持到最后牺牲。”

雷锋越听心里越难受，后来忍不住哭了。

指导员开导他说：“认识到自己错了，今后改正就行，哭什么？”

雷锋止住了哭声，也在心里暗暗地确立了一个目标：今后一定要做一个遵守组织纪律的战士。

一天，雷锋外出办事。

傍晚时分，突然，阴云密布，狂风乱舞。

“要下雨了。”雷锋快步往营地赶。

天气的变化真快，才露出要下雨的脸，一下子，大雨就倾盆而下。

一位大嫂的身影映入雷锋的眼帘。

大嫂带着个小孩，非常艰难地前行。大嫂的衣服已经打湿一大片。

雷锋走上前去，对大嫂说："雨太大了，我来帮您抱小孩吧！"

大嫂见是一位解放军战士，非常感激地把孩子交给雷锋。

雷锋把雨衣脱下来，披在孩子身上。一会儿，他的全身就湿透了。

雨实在太大，路很滑，雷锋抱着小孩不能走得太快，两个多小时后才赶到大嫂家。

大嫂一家非常感动。

这时，天色已经很晚。

大嫂一家见雷锋全身湿透了，忙不迭地留他，说："同志，烘干衣服再走，不会耽误您的。"

雷锋心想："请假的时间快到了，明天还要出车，不能再耽搁时间。"

"再见！"说着，雷锋披起雨衣就走。

大约10点多钟，雷锋按时回到了部队。

又有一次，雷锋同副司机去拉粮食，途中，遇到几只鸭子正在穿越公路。

他们的任务很急，鸭子慢慢悠悠地过公路，副司机怕耽误时间，猛按喇叭。

鸭子受惊，乱窜起来。

副司机慌了手脚，车子开得有些不听使唤，把一只鸭子压死了。

“快，快，停车。”雷锋连忙叫副司机停车。

雷锋和副司机提着死去的鸭子，一户人家一户人家挨个打听，直到找到老乡，道了歉，赔了钱，才如释重负般地继续执行任务。

1962年春天，雷锋带领全班战士，远离部队，到一个偏僻的山区执行运输任务。

雷锋一行宿营在一处小山村，小山村住着几十户人家。

老百姓见部队来了，非常热情，高兴得又是腾房又是杀鸡宰猪。

雷锋非常感谢老百姓的盛情，但他对战士们说：“群众关心咱们，咱们更应该体贴群众的困难啊。”

雷锋和战士们没有住在老百姓家里，而是在村后山跟前选了一处较为隐蔽的地方，修了车场，搭了住的帐篷。老百姓送的东西，能退的他们都退了，实在退不掉，就付钱。

老百姓非常感动，一个劲地称赞说：“这些同志真是好样的！”

听到老百姓的赞誉，雷锋和战友们比什么都开心，心里甜丝丝的。

战士小范“转弯”了

小范是雷锋当副班长时班里的一个战士，他在生活上有些自由散漫，组织纪律性不太强，几次误事。连长在大会上多次对他点名批评，可是，他思想上转不过弯来，不但不想改正错误，对连长的批评还有意见。

雷锋找到小范，对他说：“小范，连长的话讲得对，革命部队就要有铁的纪律，如邱少云……”

雷锋的话还没说完，小范就硬生生地顶回他的话说：“少给我上政治课，待一边儿去。”

雷锋笑笑，没再说了。

雷锋想：“小范也是一个苦孩子，他

的本质是一个好同志，一定是钻进了牛角尖儿，一时想不明白，一定要帮助他克服不守纪律的毛病，让他成长为一个好战士。”

当小范的心情平静下来以后，雷锋趁着和他一起散步的机会，说：“小范，其实，领导教育你，同志们帮助你，都是在关心你。你想想，我们来到部队是干什么的？是自觉地服兵役保卫祖国嘛。那就应该自觉地遵守纪律，革命军队需要铁的纪律，比不得在农村干活。即使是在农村干活，也还有个劳动纪律吧。”

雷锋说得很平静，也很实在，小范的脸色告诉雷锋，他已经在慢慢接受自己的意见。

雷锋继续说：“记得我们入伍离开辽阳的时候，你的老人再三嘱咐你要听党的话，好好锻炼自己，做个好战士。我们应该牢记这些话，不然，我们就对不起他们了。”

小范的头越来越低了。

雷锋知道，小范开始意识到自己的错误了。他觉得打铁应趁热，就接着说：“咱们这些穷孩子出身的人，在旧社会受了多少苦啊，新中国成立后，生活一天比一天过得好了。你曾经说人活着就是为了吃饭，我想，这话不对。你想想，多少革命前辈不怕流血不怕牺牲和敌人进行斗争，如果他们活着是为了吃饭，用得着这样吗？就拿你自己来说吧，难道因为在家饿肚子，才到部队来混饭吃？我觉得，我们吃饭是为了活着，可活着不是为了吃饭。我们活着是为了为人民服务，而作为战士，我们首先就要成为好战士，要做好战士，就必须遵守纪律。”

小范的眼泪唰唰地流出来了，他后悔不已。

雷锋说：“犯了错误不要紧，要紧的是改正。我们等着你改正，我们相信你会成为一个遵守纪律的好战士。”

后来，小范真成了班里的好战士。

雷锋就是这样，让自己从一个不适应部队生活的战士，变成一个遵守纪律的模范，还通过自己的教育使别的战士认识到纪律的重要性，最后成为遵守纪律的好战士。

工人俱乐部放电影，雷锋觉得片子不错，来到电影院准备欣赏欣赏。

还差十来分钟，电影就要开始放映了。

“在电影院里白坐十分钟，太浪费，不如在电影院外面看看书。”

雷锋从口袋里拿出随身带的《毛泽东选集》，一页一页地看起来。

“这不是雷锋叔叔吗？”一位雷锋熟悉的小朋友小贾也来看电影，看到雷锋，上前来打招呼。

“雷锋叔叔，电影都快开始了，你还在这里看书，又能看多少？”小贾问雷锋说。

“能看多少？我已经看了几页了，十来分钟我可以掌握好多知识呢！”雷锋解释说。

小贾似乎不太懂。

雷锋看了看小贾，问道：“平时有空都干啥呀？”

“很少看书，就是玩。”小贾回答说。

“这样可不好。玩好了，还要学习好。你们能待在学校里，专门读书，难得啊。要珍惜机会，叔叔小时候没有条件，读的书有限，现在得加把油。你算一算，叔叔每天挤出十分钟看五页书，一年能看多少页书？”雷锋说。

“快两百页。”小贾很聪明，一下子就算出来了。

“是啊，”雷锋因势利导说，“两百页，你想想，是多少知识啊！”

小贾懂事地点了点头。

雷锋就是这样“挤”时间看书学习的。

部队的工作很紧张，白天，雷锋没有什么时间看书。晚上，能自由支配的时间多些，他差不多全部用来看书。哪怕再晚，他都要在灯下苦读，有时碰到特别有意义的书，他就熬到深夜。

这一天，雷锋又借到了一本书，都晚上11点多了，他还在聚精会神地看着。

“雷锋，该休息了。”指导员来到休息室，提醒雷锋。

雷锋心想：“如果我不走，指导员就不会放心，还是走吧。”

指导员一觉醒来，发现休息室的灯还是亮的。

“雷锋不是走了吗？难道我忘记关灯了？”指导员感到奇怪，来到休息室。

雷锋还在灯下聚精会神地看书，指导员悄悄地来到他的身后。

雷锋发现指导员，不好意思地说：“指导员，影响您休息了。”

后来，雷锋害怕在休息室看书影响指导员和战友们休息，就买来手电筒躲在被窝里看。

雷锋看书，有一个习惯，就是爱思考。他总是想方设法弄懂书中的每一个问题，联系实际生活的种种现象，力求用书本中学到的知识去分析现象、解决问题。当拖拉机手看拖拉机方面的书，雷锋是这样的；当推土机手看推土机方面的书，雷锋也是这样的；当汽车司机看汽车驾驶方面的书，雷锋还是这样的；平时，阅读马克思、毛泽东等的著作，他更是这样的。

雷锋的很多战友都羡慕雷锋会讲，什么东西都能讲出个所以然，什么东西都能讲出个道理。他们纷纷向雷锋讨教经验，雷锋笑着说："哪有什么经验，还不就是一个'钻'字，学什么，都'钻'到里面去。所谓'钻'，也没什么神秘的，就是勤思考，勤问问题。想多了，问多了，也就懂了。懂了，能说的也就多了，看问题也就能看到点子上了。"

广播里的表扬信

一连忙了好几个月的运输连放假了，尽管只有半天，战士们还是非常高兴。

“雷锋，我们到望花公园转转，怎么样？”战士小于对雷锋说。

雷锋捂着肚子说：“不知怎么，肚子很痛。想看看书平静一下，可是，还是很痛。公园我肯定不能去了，卫生所我倒是要去一趟。”

雷锋放下书，来到卫生所。

医生说：“你这是晚上着了凉，回去服完药，多喝开水多休息，就可以了。”

雷锋拿着药，走出了卫生所。

“战士们在学习的时候，想读毛主席写的《关于正确处理人民内部矛盾》，可是一直没有找到，我何不利用放假的机会到新华书店去买一本？”

想到这，雷锋走出了营房。

走过望花公园，一个热闹的场面吸引了雷锋的目光。

这是一个建筑工地，几百人在热火朝天地劳动着。只见工具车在飞奔，穿梭往来，争抢着分分秒秒的时间。砌墙的师傅一边砌墙，一边吆喝着，鼓励同伴加快节奏。

“抚顺市第二建筑公司本溪路小学建筑工地”，雷锋看到了一块牌子。他一边念牌子上的字一边想：“真是了不起，这里去年还是一块堆放煤渣的空地，现在是这样，再过一段时间，将成为孩子们的乐园。”

“运砖的同志，加油啊！今天，砌墙的同志大显身手，他们准备打破昨天创下的纪录。不过，能不能打破就看运砖的同志啦，如果不能跟上，砌墙的同志就难做无米之炊。”

广播里传来的声音打断了雷锋的思绪。听到这，雷锋仔细瞧了瞧工地，看到运砖的同志只有两个人，他们推着两辆车，努力配合着砌墙的师傅。但是，人手少，砌墙的师傅总要等砖。

“书，下一回可以买，今天上午就帮着运砖吧！”雷锋的内心升腾起一份浓浓的热情，他甚至都不管自己肚子疼不疼了。

来到工地边的停车场，雷锋对守护工具车的老师傅说：“师傅，借一辆车子用用。”说完，他推着车就走。

“解放军同志，我们的车子不外借。”老师傅追着雷锋说。

雷锋大声说：“我就在工地上运砖。”

雷锋推着车融入了工地的劳动大军中。

雷锋的加入加强了运砖的力量，砌墙工作不会因为砖头跟不上而被耽搁了，大家的热情也更高了。

一车，两车……雷锋大汗淋漓。

工人们告诉雷锋，这个学校一定要在下个学期开学前建好，以保证孩子们能够在新学校上课。

听到这，雷锋的劲头更足了。

工人们看雷锋身材不高，但干起活来生龙活虎，好像有使不完的劲儿，一个差不多能够顶上一个半。

中午了，工人们留雷锋吃饭，雷锋捡起脱下来的外衣就走，工人们怎么留也留不住。

“你到哪里去了？我们一直在找你呢。”四班长一见到雷锋就问。

“我违反纪律了？”雷锋很担心地问。

“没有，只是想找你一起上街。”四班长说。

雷锋放心了，他拿出药，说：“看，肚子有点不舒服，看病去了。”

“你看病去了，只是看病吗？”小于回来了，他接过话头说。

雷锋说：“是啊。”

“还想蒙骗战友。”小于说。

小于从望花公园出来，也想到新华书店买书，他路过工地，听到广播里在表扬雷锋。

“做了好事，还想隐瞒。”四班长说。

“哪里，干活真是治病良药，出了一身大汗之后，我的肚子不痛了。”雷锋高兴地说。

冲在抗洪抢险第一线

1960年8月，抚顺地区暴雨成灾。雷锋所在的工兵十团运输连此前连续参与国防施工，很辛苦，加上一直没有休息好，雷锋的身体抵抗能力下降了，成了病号。可是，就在这时，上级的命令传到了运输连："部队停止眼下的工作，准备开赴郊区上寺水库进行抢险。"

连长考虑到雷锋的身体状况很不好，抗洪抢险又非常艰苦，想把他留在连部值班。

雷锋坚持上一线抗洪，连长没有办法，只得答应雷锋的请求。

连队很快就来到了抗洪抢险第一线。

一个漆黑的夜晚，隆隆的雷声不时传

来，天像被砸出了几个窟窿，大雨压根就没有停过。

“一定要保住整个城市，一定要保住全市人民的生命和财产。”当地市委对所有的抗洪力量下达了死命令。

运输连的任务是挖掘溢洪道，减少洪水的存量和对大坝的冲击。

微弱的灯光照在工地上，战士们头顶着大雨，脚踩泥地，一锹一锹奋力地挖掘。

雷锋站在最危险的地方，以最快的速度挥动着铁锹。

雨更急了，风更大了。

一块土崩下来，带着泥水向雷锋扑来。

雷锋一闪，人没有被埋住，但满身都是泥，他的铁锹也被泥水冲没了。

“雷锋，你去休息吧。”连长不忍心看着雷锋继续干下去，命令他说。

“不，连长，我的任务还没有完成。”雷锋说。

说完，雷锋开始用手挖泥。

泥坑在雷锋面前一点一点地扩大，被挖出的泥块堆着越来越高了。

“哎哟。”雷锋的心一揪，忍不住低声叫了一声。

借助灯光雷锋看了看手，烧伤处才长出来的新皮全脱了，嫩嫩的肉扎入泥巴中，说不出的难受。

“顾不了这么多了。”雷锋心想。

“雷锋，赶快去广播站，把这里的好人好事广播广播，鼓舞大家的斗志。”连长见命令都不行，找个借口对雷锋说。

雷锋很不情愿地向广播站走去。

半路上，雷锋发现一个战士身上没有雨衣。雷锋马上脱下雨衣披在那个战士身上。那个战士回头看的时候，雷锋已经消失在人群中。

来到广播站，雷锋发挥他的文艺天分，把战士们的好人好事编成快板，用洪亮的声音广播出去。战士们在雷锋别具新意的快板节目的鼓舞下，忘记了劳累，挖掘溢洪道的劲头更足了。

第二天早晨，战士们都休息了。雷锋挣扎着站起来，想到处看看，查一查有没有什么险情。可是，他刚刚站起，就摇晃着倒下去了。战士们马上扶起他，把他送到一间房子里，嘱咐卫生员好好照顾他。

雷锋迷迷糊糊地在床上躺了一个上午，一醒来就支撑着爬起来。

“不能动，你还没有恢复。你看，我才帮你包扎了手上的伤口。”卫生员非常紧张地说。

雷锋感觉头晕、乏力，连坐起来都艰难，只得再躺下。

雷锋又迷迷糊糊地在床上躺了两个来小时，出了一身大汗。醒来时，他觉得身体舒服多了，也有劲了。

“我得走了。”雷锋对卫生员说。

“你不能走，这是连长的命令。”卫生员说。

雷锋眉头一皱，有主意了，他说：“你说，洪水吞噬了那么多百姓的生命，吞噬那么多财产，是不是和敌人一样厉害？”

卫生员回答说：“是啊。”

雷锋接着问：“那我们是不是要像对待敌人一样对待洪水？”

卫生员不知道雷锋葫芦里卖的是什么药，回答说：“是。”

“战争年代，黄继光为了消灭敌人，敢于堵枪口；邱少云为了打赢敌人，宁肯被火活活烧死。他们做得对吗？”雷锋继续说。

“对。”卫生员说。

“面对和敌人一样凶的洪水，我不应该像黄继光、邱少云一样吗？你难道能不让我上战场吗？”雷锋说。

卫生员不知道怎么回答，犹豫着。

看到卫生员在犹豫，雷锋溜下床走了。

雷锋重新来到抗洪抢险的前线，投入了战斗。

雷锋在抗洪抢险中表现突出，部队给予他表扬，还给他记了二等功。

8 “抠门”的人

换装了，战士们可以领新夏装。

“军装多威风，要是能多发几套就好了，以后离开部队，还可以穿。”一些战士在打小算盘，嘀嘀咕咕地说。

按照规定，每人发两套军装、两套衬衣、两双鞋。

“雷锋，这是你的。”司务长把两套夏装递给雷锋。

“我只领一套军装、一件衬衣、一双鞋就够了。”雷锋说。

“为什么只要一套？”司务长头一回碰到这样的事情，感到很不理解。

“有一套就够穿了。我现在穿的这套带补丁的衣服，也比我小时候穿的衣服不知要好上多少倍呢！剩下的一套给国家节约啦。”

“雷锋，你还是都领了吧，看你那样子。”战士们劝雷锋说。

雷锋的穿着实在是太简朴了。一双袜子还是在县委当公务员时张书记送的，已经穿好几年了。从湖南穿到辽宁，从地方穿到部队，补了又补。一次，一位战士以为是垃圾，在搞卫生时把它扔掉了，结果雷锋又捡回来，洗洗穿上。自己的袜子舍不得丢还不说，雷锋还捡别人的烂袜子穿。一天，雷锋去倒垃圾，看到垃圾堆里有一双袜子。这双袜子且不说脏到什么程度，烂得也够可以的了。他捡回来，战士们纷纷把鼻子给掩上，不知道他要干什么。雷锋把烂袜子洗干净、补好，逢人就说：“太好了，好舒服，比我自己的袜子强多了。”这双捡来的袜子伴随雷锋有三个月。三个月后，他想穿也穿不成了，因为袜子根本就不像袜子了，他把袜子洗干净，当了汽车抹布。

节约对雷锋来说，绝对不是装装样子，而是他的本色，他一直就是这样的。

在鞍钢时，食堂里有各种炒菜，雷锋一个人的工资一个人花，够宽裕了，但是，他平时总是喝菜汤，一个星期最多买一个小菜改善一下生活。星期天上街，乘车很方便，钱也不多，就五分钱。可是，他宁可走路，把钱节约下来。在工厂，他三次被评为节约能手。

到了部队，雷锋每月领的津贴，他一般是用一角钱交团费，用两角钱买肥皂，再留点钱买书。其他的钱，全部存入储蓄所。连队每次吃完饭，他都把洒在桌上、掉在地上的饭粒捡起来，送到猪食缸里。

为了能够储存好可以回收利用的小东西，雷锋抽空做了个小木头箱子，捡到一些破铜烂铁、废螺丝钉等小东西，就丢进去。遇到需要什么的时候，就从里面找。剩下不用或用不着的东西，就拿出去卖，卖来的钱全部交公。同志们亲切地把雷锋的这个箱子称做“节约箱”。

有一段时间，运输连特别忙，大家连理发的时间都没有了。

“何不自己理发？这样又方便又省钱。”

雷锋突然有了一个想法，他马上买来工具，鼓励大家互相理发。

开始的时候，大家笨手笨脚的，理出来的发型很不好看。雷锋便抽空到街上理发师傅那里学，学好了再教给战士们。不久以后，战士们的理发水平都提高了，大家再也不用愁头发长了没空儿理了。

雷锋不仅会理发，还会做裁缝。衣服烂了，扣子掉了，如果到街上请人补，不但花钱，还要花时间，有时候还来不及。雷锋买来针线，自己学。学会了，雷锋一边帮战友们的忙，一边教他们。

“有了雷锋，我们的生活方便了。以前，衣服烂了，尤其是袜子烂了，就丢了。现在雷锋什么都教给了我们，我们不但生活的能力提高了，节约下来的钱也更多了。”

战士们尝到了雷锋教自己的手艺的好处，都非常感激他。

钱哪去了？

雷锋的工资、津贴虽然不高，可是他特别节约，因此余留下来的钱也不少。

“雷锋那么抠，是不是吝啬鬼？他是不是守财奴？”

有些战士不了解雷锋，在背后议论他。

雷锋不是吝啬鬼，也不是守财奴，他的钱都花在哪些地方了？他的钱上哪儿去了？

有一次，雷锋上街办事。

咚咚咚！一阵锣鼓声传来。

“又有什么喜事？”雷锋心想。

原来，抚顺市望花区人民群众敲锣打鼓，正在热烈庆祝和平人民公社成立。

看到欢欣鼓舞的场面，雷锋非常激动，他想：“人民公社成立了，我作为一个人民战士，能够为新公社做些什么呢？”

想了半天，雷锋想出了一个主意。他迅速跑回营房，拿起存折来到储蓄所。

雷锋每个月都要到储蓄所存一次钱，储蓄所的工作人员都认识他。

“雷锋，又来存钱啦？”工作人员友好地问雷锋。

雷锋回答说：“这回可不是来存钱，是取钱。”

“取钱？取多少？”工作人员问雷锋。

“我存折上有203块钱吧？”雷锋对工作人员说。

“对，203元。”工作人员核实后说。

“好，那就取200元吧。”雷锋非常干脆地说。

“要取这么多钱，是不是家里有急事，存这么多钱可花了你不少时间啊。”工作人员觉得奇怪，探询式地问雷锋。

“家里？对，家里有些事。”雷锋说完，拿着钱就往和平人民公社跑。

找到公社的一位领导，雷锋把钱交给他说：“这是我对望花区人民的一点心意，请收下吧。”

公社领导很受感动，满怀感激之情地对雷锋说：“这怎么好？你热爱公社的一片心意，我们收下，可是钱我们不能收，还是留着自己用或者寄回家吧。”

“家？”一听到“家”这个字，雷锋的眼睛便湿润了，他激动而又非常诚恳地说：“部队就是我的家，人民公社就是我的家，我这钱就是给家里用的。虽然钱不多，但是如果能给家里作点贡献，我就心满意足了。这钱是人民政府给我的，也是人民给的，我要为人民服务，让这钱花在实处。”

雷锋的要求非常强烈，公社领导看着他的眼泪，听着他感人的话语，觉得他这份情意实在是太重了，没有再回绝。

“钱我们收下一半，你相信，我们会把工作做好的。”公社领导说。

雷锋收住眼泪，露出了憨厚的笑容。

随后不久，辽阳发生了水灾。雷锋抗洪抢险后回到部队，从报纸上看到了各地灾区老百姓苦难的生活。他悄悄地把上一回没有捐出去的100元寄给了灾区。

很多人不理解雷锋，认为雷锋傻，有些人还在背后直呼他“傻子”。雷锋听到这种议论后，说：“如果这样做是‘傻子’，我愿意永远做这样的‘傻子’。”

党的好儿子

加入中国共产党是雷锋梦寐以求的人生目标。在鞍钢工作时，他递交了入党申请书，组织上一直在考验他。加入部队后，雷锋入党的愿望更强烈了。

雷锋的入党申请书交到了连党支部，党支部研究后，委托指导员负责对雷锋进行教育和培养。

指导员找到雷锋，一边把党章交给他，一边说："你能明确地说出党和人民对共产党员的要求吗？"

雷锋很不好意思地摇了摇头。

指导员指着雷锋手里的党章说："这里面就有，先仔细阅读吧。"

雷锋把党章往胸口按了按，心想：

“我一定要把所有这些要求装在心里。”

几天之后，雷锋找到指导员，把党章还给他。

指导员觉得奇怪，就问雷锋说：“你记住了党和人民对共产党员的要求吗？”

雷锋非常自信地说：“我记住了，党章上的内容，我都能背下来。”

指导员似乎有些不相信，说：“你背背看。”

雷锋真的一字不漏地背出来了，背完，他说：“我想，要达到党和人民的要求，首先就要记住这些要求。为了更加用心地记住，我就把这些要求背下来了。”

指导员非常满意，把党章还给雷锋，还交给他刘少奇写的《论共产党员的修养》。

经过学习，雷锋的觉悟得到了很大的提高，组织上觉得他已经完全够共产党员的条件了。

1960年11月8日，组织上正式批准雷锋加入中国共产党。

成为一名党员后，雷锋努力将学到的一切运用到实际中，努力用实际行动体现对中国共产党的热爱和崇敬。

交党费是每一个共产党员应尽的义务，像雷锋这样的新党员，每个月交五分钱党费就可以了。可是，每次雷锋都交上三角或五角。

雷锋每次都把交党费当做一件非常神圣的大事来做，每次，他都要选择最新的票子，还要把票子理得平平整整的。

负责收党费的同志对雷锋说：“就你，每次都婆婆妈妈的。”

雷锋郑重其事地说：“这可不能马虎，每一个共产党员都要对组织全心全意，要怀着十分的忠实和爱。”

共产党员经常过组织生活，雷锋把这种生活看得比什么都重。

有一次，雷锋出勤到了一个工地，时间较长，他的组织关系也转到了工地。

一天，雷锋从工地上赶回营地办事，正赶上连里过组织生活。

雷锋二话没说，从驾驶室里下来就直奔会议室。

指导员看到雷锋全身都是泥巴、机油，一脸的疲惫，显然是几天没有休息了，就对他说：“去洗个澡，休息休息吧。”

雷锋风趣地说：“洗个思想教育澡，休息得更好。”

真情暖人心

雷锋就像冬天里的一把火，他总是用自己的真情去感化别的战士，帮助别的战士解开心里的疙瘩，一起前进。他总是用自己对战士无微不至的关心，让战士们过得舒服些，让他们感觉到部队大家庭的爱。

运输连奉命野营拉练，战士们背着沉重的包裹，一直小跑着前进。

路崎岖不平，胶鞋薄薄的底根本没办法抵挡地面上小石子的侵害，很多战士的脚底都打出了水泡。雷锋更糟糕，为了照顾一个体质差一些的战士，他不小心把脚给扭了一下，虽然不是很严重，但走起路来还是隐隐作痛。

走完一百多里路，天黑了，连队安营扎寨，很多战士倒头便睡着了。

晚上11点多钟，连长查哨查铺。

“怎么那里还有灯光？”连长看到小学教室里还有灯光，觉得纳闷。

连长来到教室外面，透过窗户一看，一个战士在火炉前烤着一大堆袜子。

连长悄悄进屋，发现烤袜子的战士是雷锋。

“这么晚了，还在烤袜子？”连长问雷锋。

“袜子全湿了，走起路来怪不舒服的，我烤烤，大伙明天走起来会舒服些。”雷锋笑盈盈地说。

“都走了一天，你也累了吧，快去休息。”连长说。

“我不累。”雷锋回答说，说完继续烤袜子。

小周和雷锋一个班，对自己要求严格，性格外向，整天笑口常开。

这几天，雷锋发现小周的眉头紧锁着，似乎出了什么事。

“小周，怎么啦？”雷锋发现了小周的变化，关心地询问他。

小周回答说："没什么，有些不舒服罢了。"

雷锋觉得小周没有讲出真正的原因，就向别人打听。

一位战士告诉雷锋，说小周接到电报，得知父亲得了重病。

雷锋明白了。他想，小周是一位不错的同志，不会因为自己的私事而影响工作，自己应该为他做点什么，帮助他家里渡过难关。

小周果然没有把自己的困难告诉组织，天天照常出车。

雷锋千方百计地打听到小周的通讯地址，以小周的名义给他家里寄了封信，还寄去了十块钱。

不久后，小周接到家信，信中说："你安心工作。上回寄的钱收到了，正好治病。"

"我没有寄钱给家里呀。"

小周觉得非常奇怪。后来，他才知道是雷锋干的。

又有一次，雷锋和战士们一起卸车。

“哎，雷锋，你不是很能干吗？来一袋试试。”

大个子小韩指着一袋两百斤重的高粱米对雷锋说。

雷锋心想：“小韩明知道我力气小，没办法扛动高粱米袋。还要这样说。我平时是不是做错了什么，得罪了他，让他对我有意见，所以用话刺激我？”

雷锋仔细想了想，发现自己没什么不对，也就没往深处想，还是像平时一样和战士们相处。

几天之后，小韩不小心洒了硫酸，棉裤上烧了一个不小的洞。

夜里，大家都睡熟了。雷锋拿出针线，精心地帮小韩补好棉裤。

第二天早晨，小韩得知雷锋替自己补棉裤的事，又是感激又是惭愧，他马上向雷锋道歉。

雷锋笑着说：“过去了的事情还提干吗？你又不是故意的，只是开个玩笑。”

做一名优秀的汽车兵

1961年冬天，运输连出车到新宾县执行任务。

这是一趟苦差，事先掌握的许多情况表明，这一趟差所走的路路况非常不好，很危险。

“连长，让我的车走在最前面吧。”雷锋在了解了任务的艰难后，主动向连长请战。

雷锋和两位战友开着车子在前面开路。

汽车队早晨5点钟出发，一路还算顺利。

“前面是一道江汊子，大家小心。”下午3点钟的时候，车队来到了一块险地，雷锋提醒战友说。

前面没有路，只有乱石堆，再前面是一人多深的苇草、杂树，密密麻麻，中间只有一条很窄的小路，连牛车都没办法通过，更不用说汽车了。

汽车在乱石中颠簸着慢慢前行，迎着苇草、杂树前进。苇草、杂树的冲力下刮擦着汽车，汽车前的小灯和旗杆都刮没了。

汽车在浅水中渡过了难关，把江汉子抛在了后面。

过了江汉子，汽车开始爬坡。

呜呜呜！雷锋加大油门，可是，汽车就是爬不上坡。

“赶快抱来苇草、树枝，垫在车轮子底下。”雷锋一边开车，一边指挥着战士们。

终于，在第七次，雷锋驾驶着汽车冲上了山坡。

汽车走过一道山涧时，窄窄的山路突然来了个90度的急转弯。左面和前方都是深不可测的悬崖，站在悬崖上，只听见水声阵阵，右面则是耸立的山崖。

“稍不小心，就可能撞上悬崖或者跌入深渊。”

雷锋心想。

“务必特别小心。”小韩在开车，雷锋提醒他。

小韩的双眼紧盯着前方，两手紧握着方向盘，不停地转动着。雷锋紧握手闸，一丝也不敢懈怠。

前后三次倒车之后，汽车开上了山坡。

雷锋他们的汽车在前面开路，降低了后面汽车行进时的危险程度，黄昏时，汽车队到达了目的地。

在目的地接受了新的任务后，车队马上往回走。

检查汽车的时候，雷锋发现车上的油不够。

“把我们汽车上的油分些给其他的车子。”雷锋对小韩说。

“我们不走啦？”小韩有些不懂，问雷锋。

雷锋解释说：“我们当然要回去。不过，别的车能早些回去，战士们就可以早些休息，就少些危险，我们的车在后面不怕。”

雷锋他们的车到达木旗时，汽油全部用完了。

已经在路上颠簸了两天一个晚上，途中，雷锋他们只吃了一顿饱饭和两块锅巴。

“前面的路很难走，人也确实太疲乏了，就在木旗先住下吧。”雷锋心想。

和其他两位战友商量后，雷锋决定在木旗住下来。

刚刚付过房钱，正要躺下休息，领队便派人送来了汽油，还带来了一个消息：14号车翻过一道山岭时，钢板断了，要借用“千斤顶”。

雷锋二话没说，决定马上出发。

夜漆黑一片，雪不留情面地下着，地上的泥泞很深、很滑。

两个车前灯的灯光冲破浓浓的雪雾，为汽车照亮前进的道路。

一个平时十分钟就可以爬过的山岭，花了四十多分钟才走完。

雷锋小心翼翼地驾驶着汽车，眼睛一眨不眨地盯着充满危险的道路。

半夜11点，雷锋他们的汽车靠近了14号车。

雷锋叫小韩他们在驾驶室里休息，自己拿着“千斤顶”朝14号车走去。

在雷锋的帮助下，14号车修好了。

汽车继续慢慢前行，第二天，雷锋一行拖着疲惫的身体，回到了驻地。

雷锋凭借过硬的技术和兢兢业业的精神，在两年的时间里安全行车两万多公里，从未出过事故。

快乐的淘粪工

还是在弓长岭焦化厂的时候，一个深冬的早晨，寒风凛冽，雪花飘飞。

这是星期天，小易要到鞍山去过周末。

从弓长岭焦化厂到鞍山的车子不多，小易早早地起床，想赶上最早的那班车。

“好冷啊！”小易走出工厂，一边揉搓着双手，一边哈着气，禁不住一连打了几个寒战。

“那是谁呀？”突然，小易发现前方有个人正在拾粪。只见他一手拿着一个筐子，一手拿着一把小铲，正一铲一铲地把粪铲到筐子里。

“好像是雷锋。”走得近些，小易看得更清楚了。

小易加快了脚步。

“哇，清早就在这里捡粪，不冷呀？”小易走过去，和雷锋打招呼。

“你早呀，不冷呀。”雷锋非常热情地和小易打招呼，他的脸冻得通红，嘴唇有些发紫。

“怎么，你怎么捡起粪来了？捡粪干什么？”小易问道。

“捡点粪支援人民公社嘛！前几次开会，支部不是号召大家多给人民公社做好事嘛。再说，起早点，到处走走，活动活动，有利于身体啊。”雷锋回答说。

听雷锋这么一说，小易很受感动。他打消了去鞍山的念头，和雷锋一起捡粪。

一阵风吹来，雷锋几个寒战之后，打了一个喷嚏。

“哟，你怎么穿这么少？”小易问。

“不冷。”雷锋轻描淡写地说。

“不冷？你的棉衣呢？没有棉衣，这个冬天怎么过？”小易一连问了几个问题。

“刚才送给吕大爷了。”雷锋笑着说。

“吕大爷，哪个吕大爷呀？”

小易不认识吕大爷，他想，雷锋是一个孤儿，在这里不会有亲戚，怎么会冒出个大爷？

看着小易一脸疑惑，雷锋连忙解释说：“吕大爷是安平公社的一个牧羊老人，在旧社会受过不少苦，新中国成立后是走社会主义道路的骨干。我早就认识他，今天早晨，我看到他穿得很单薄，就脱下自己的棉衣，送给了他。”

“你呀！……”小易感动得眼泪都快要流出来了，没有再说什么。

在部队里，雷锋当的是汽车兵。在许多人的观念中，汽车兵可不一般呀。

部队的兵种很多，有汽车兵、炊事兵、勤务兵……在20世纪60年代，很多人还没有见过汽车，更别提开汽车了。汽车兵个个懂汽车，也就有了些优越感。

运输连营地的粪池满了，负责淘粪的连队有事不能及时赶来淘。面对淘粪这道“难题”，战士们畏难的情绪非常重，大家都不愿意干。

“先得我自己去干，然后才好和战士们说。”第二天清早，雷锋早早地起床，拿起工具就干起来。等战士们起床上厕所时，他已经挑了好几担大粪。

“雷锋，就你……”战士们有些感动，但还是不太愿意淘粪。

这天晚上，雷锋组织班里的骨干力量开会，他拿出毛主席的著作念起来。毛主席在著作里告诫说，越是困难、越是脏累的地方就越需要去。念完毛主席的著作，雷锋耐心地跟战友们讲道理。

班里骨干力量的工作被做通了，他们加入了雷锋组织的淘粪队伍，班里其他的战士看到这些，打消了顾虑，也对淘粪有了正确的认识。从此，运输连再也没有请其他连队来淘粪。

雷锋也会犯错

1961年初秋的一天，雷锋和小刘、小陈两名战友，到农场去拉菜。

天黑下来了。

“小刘、小陈午间没有吃饭，该饿了，回去还有那么远的路程，空着肚子开车不好。”雷锋心想。

想到这，雷锋就和农场管理员联系好，叫小刘、小陈到农场食堂吃饭。

小刘、小陈不领雷锋的情，说：“菜都装好了，天也黑了，路还很远，快开车吧，回到部队吃饭也不迟。”

雷锋劝他们说：“食堂里有现成的饭，吃了再走吧。回到部队肯定很晚了，说不定还没有饭吃呢。再说，到哪里吃不是一样？”

农场管理员在一旁说：“吃饱了饭，开车有精神，走吧。”

小刘、小陈还是不想在农场吃饭，雷锋没有再坚持，三个人就这样空着肚子走了。

回到部队，小刘、小陈找到指导员，说：“雷锋办事也太主观，根本没有和我们商量，就自作主张，想留在农场吃饭。”

指导员托人将小刘、小陈的意见转达给了雷锋，雷锋心里说不出的别扭，他想：“我是一片好意，他们不吃倒罢了，怎么还要跟指导员说呢？唉，真是的。”

一连几天，雷锋一见到小刘、小陈，就觉得有些不自在。

指导员看出了问题的严重性，便找到雷锋，对他说：“小刘、小陈要不要在农场吃饭，当然主要应该由他们自己决定，不管你出于什么动机，不和他们商量就作出决定，是一种武断行为，也是对他们的不尊重。换个位置想想看，如果他们作出决定，让你干你不愿意做的事，你会怎么样？”

雷锋明白了，他连忙找到小刘、小陈，对他们说：“在农场要不要吃饭，我应该事先和你们商量好，我没有这样做，这是我的不对，我向你们道歉。感谢你们批评我，让我的认识得到了提高。以后，我一定要多和战友们商量，不再主观武断地处理问题。”

这一天，雷锋到食堂帮忙，看到饭盒里有很多锅巴，顺手拿起一块就吃。

炊事员小刘看见了，严厉地对雷锋说：“自觉点吧。”

“吃一块锅巴算什么，用得着小题大作吗？”雷锋想不通，有些气愤地把锅巴放回了原处，说道：“不就是一块锅巴吗？”

说完，雷锋也不管手边的活干没干完，走了。

“因为我们是为人民服务的，所以，我们如果有缺点，就不怕别人批评指出。”回到宿舍，静下心来，毛主席的话在雷锋脑里回响，“是啊，我到食堂帮忙，本来是给他们带去方便。食堂有食堂的规矩，不管是什么东西，都不能随便吃。不然……”

雷锋越往下想越觉得害怕，他意识到自己所犯错误的严重性了。

“人家批评一下，就受不了了，那样还怎么能说服别人，该虚心些啊。”雷锋连忙跑回厨房，找到炊事员小刘，向他承认了错误。

小刘也意识到了自己对雷锋说话的方式有些粗鲁，雷锋来道歉，他很受感动，也向雷锋道歉说：“我随便批评人，也是不好的。你能这样严格要求自己，真是好同志，我要向你学习。”

两个人的手紧紧握在一起，他们通过这件小事都取得了进步，心里非常高兴。

永不生锈的『螺丝钉』

1962年2月19日，沈阳军区炮兵5040部队的炊事班班长刘思乐和雷锋一起参加了沈阳军区首届共青团代表大会，在大会上，雷锋被授予“毛主席的好战士的称号”，刘思乐被授予“一颗不生锈的螺丝钉”的称号。

第一天的大会结束，雷锋找到刘思乐，和他一起谈起了“螺丝钉”话题。

“你那‘做一颗不生锈的螺丝钉’的标题，要是加上一个‘永’字该多好啊！这样既生动又感人，又鞭策自己。做一颗永不生锈的螺丝钉，是我们勇于进取、不断前进精神的形象表达，应该成为我们的人生目标，应该成为我们每一个战士的座右铭。”雷锋说。

刘思乐说：“1959年，我第一次以‘做一颗不生锈的螺丝钉’为题进行演讲，至今，已超过百次。很多人忘了我叫刘思乐，而叫我‘螺丝钉’。”

雷锋高兴地说：“这是你的荣幸，这是大家给你的政治荣誉，祖国建设正缺少你这种螺丝钉呢，说真的，我真羡慕你有一个螺丝钉的名字，让我们携起手来，做一颗永不生锈的‘螺丝钉’吧！”

“你觉得应该怎么做‘螺丝钉’？怎样才算做到了？”刘思乐很想听听雷锋的看法，问他道。

“首先，也是最重要的，就是牢记全心全意为人民服务的思想，把热爱党、热爱人民的一腔热血倾注在自己所担负的工作上，在岗位上创一流，多作贡献。”雷锋说。

“你觉得要怎样做才可能成为一颗合格的‘螺丝钉’？”刘思乐问道。

雷锋回答说：“一个革命者，不仅要有为人民服务的思想，还要有为人民服务的本领。党要求我们做又红又专的人，不认真学习专业知识，没有干革命的真本领，当炮手的打不中目标，驾驶员不会排除车辆故障，炊事员做的饭菜大家都不吃，就不能在反侵略战争中发挥作用。”

刘思乐补充说：“在我们的时代，要能当好一颗‘螺丝钉’，但是，只当一颗普通的‘螺丝钉’是不够的，而应该发挥自己的主观能动性，当一颗闪闪发光能够不断进取的‘螺丝钉’，要在自己岗位上创造性地工作，我国缺少的不只是拧在哪里都没有怨言的‘螺丝钉’，应该给‘螺丝钉’加上科技的翅膀，让每个人都在自己的岗位上作出更大的贡献。”

雷锋强调说：“是啊，一个人既要树立全心全意为人民服务的思想，还要掌握为共产主义奋斗的能力。依我看，‘螺丝钉’精神就是牢记为人民服务的宗旨，把个人理想和祖国的需要统一起来，热爱岗位，干一行，专一行，科学技术是为人民服务的本领，‘螺丝钉’才能最大限度地发挥作用。‘螺丝钉’作用的大小，要看每个人所掌握的科学技术的本领。”

几天后，雷锋和刘思乐要分手了，雷锋在他的纪念册上郑重地写上：“让我们携起手来，做一颗永不生锈的‘螺丝钉’。”

实际上，雷锋就是一颗永不生锈的“螺丝钉”，他对“螺丝钉”精神的理解是他实践经验的总结，是他用汗水和心血凝结而成的人生道理。他一生从事过各种各样的职业，每干一行，都踏踏实实地在这一行干出了成绩。

孩子心，我最知

在运输连驻地的旁边，有一所叫建设街小学的学校。学校为了更好地培养学生，找到了运输连党支部，希望能够从部队请一位校外辅导员。指导员觉得这既是加强部队和地方联系的一种很好的方式，也是为学校服务的一次好机会，就毫不犹豫地答应了。

一些战士觉得做“孩子王”没有什么意思，他们说：“我们本来休息时间就不多，没有必要到学校当什么辅导员。再说，当辅导员也不知道做些什么。”

雷锋当即批评了个别战士的这种说法，主动要求为学生服务。运输连党支部同意了雷锋的请求，向学校推荐了他。

1960年10月10日，建设街小学正式聘请雷锋做学校的校外辅导员。

同学们在操场上整整齐齐地排着队，校长讲完话之后，宣布雷锋担任学校校外辅导员的消息。

一个小同学拿着一条红领巾，走上前来，神圣地给雷锋戴上。

雷锋激动不已，他抚摸着红领巾，对同学们说："4年前，我才摘下红领巾，今天，我和你们在一起，又戴上了红领巾，感到非常亲切。红领巾是无数革命烈士用鲜血染红的，它时时刻刻告诉我们，不要忘记为我们带来幸福生活的革命先烈，要珍惜现在的大好时光，努力学习，将来为国家的建设服务。"

雷锋的话一讲完，台下响起了热烈的掌声。

从此，雷锋的心里又多了很多牵挂，他总想着要帮同学们做些什么。

一有空，雷锋就来到学校，给同学们讲故事，给同学们讲自己的经历，帮助同学们成长。

雷锋把同学们装在心里，他常常能从同学们不经意的举动中发现问题，帮助他们解决问题。

这一天，是学校大扫除的日子。老师发现粪勺烂了，叫两个女同学到部队找雷锋借粪勺。

两个女同学来到部队，雷锋发现她们两个互相爱理不理的。

“怎么会这样？是不是闹矛盾了？”雷锋心里琢磨着。

一个女同学说明了来意，雷锋爽快地答应说：“好，没问题。”

“谢谢。”两个女同学都回答得非常生硬，好像相互防着什么。

雷锋取来粪勺，准备交给她们。

一个女同学没有什么积极的反应，一个女同学勉强把粪勺接过去，转身就走，另一个女同学没精打采地跟在后面。

“她们准闹矛盾了。”雷锋心想。

“等一等。”雷锋叫住两个女同学，走上前，二话不说，从女同学手里拿过粪勺，放在地上。

雷锋装出傻傻的样子，一会儿盯着这个，一会儿盯着那个。

要在平时，两个女同学早就笑得前仰后翻了，可是，这一回，她们根本没有什么反应。

“你们两个是不是闹矛盾了？”雷锋直截了当地问。

两个女同学没有做声。

“同学之间闹矛盾可不好啊。”雷锋从厨房里拿出一捆小木棍。

“看。”雷锋招呼两个小同学。

雷锋拿着一根小木棍，两手一使劲，小木棍断成两截。接着，他拿出两根小木棍，两手又一使劲，小木棍又断了。最后，雷锋拿出一捆小木棍，无论他使多大的劲，小木棍就是不断。

“你们想一想，这是为什么？”雷锋表演完，启发两个女同学说。

“是因为最后一次棍子多。”一个女同学说。

“是啊。”雷锋说，“一根棍子容易断，两根棍子难断一些，一捆棍子就不断了。这是因为所有的棍子团结在一起，就有了很大的力量。”

两个女同学的脸红通通的，露出惭愧的神色。

雷锋接着说：“是啊，如果你们闹矛盾，不但不能团结在一起，还会影响你们的心情，影响你们的学习，影响到你们班集体的荣誉。”

“雷锋叔叔，我们错了。”两个女同学异口同声地说。

“知道错了就好，来，伸出你们的手拉钩钩。”雷锋说。

两个女同学伸出手拉了拉钩，背起粪勺，高兴地走了。

雷锋看着两个女同学远去的身影，开心地笑了。

温暖撒一路，『我不累』

1961年5月的一天，雷锋到丹东出差。

火车到了沈阳站，要换车了。雷锋背着行李走下火车，往站台四周看了看。

一位老大嫂紧锁着眉头，似乎在为什么事情着急。

雷锋走上前去，轻声问道："大嫂，您有什么为难的事吗？"

老大嫂发愁地说："我从山东老家来，到吉林去探亲。在这里换车时，把车票给丢了。想补票又没有足够的钱，真不知道怎么办好。"

"大嫂，您别着急，跟我来。"雷锋一边说，一边把老大嫂领到售票处，给她补了一张车票。

雷锋就要上火车了，老大嫂追着问雷锋："同志，你叫什么名字？你是哪个部队的？我好把钱给你寄过去。"

雷锋笑了笑，说："您别问了，我叫解放军，就住在中国。"

老大嫂满含感激的泪水，目送着雷锋。

几天之后，雷锋从丹东回来，又在沈阳换车。

这时是早晨5点多钟，雷锋背着背包，检了票，走向站台。

从检票处到站台，要通过长长的地下通道，过了地下通道还要上台阶。

一位白发苍苍的老大娘背着个大大的包袱，拄着拐杖，艰难地走着。

雷锋小跑了几步，来到老大娘面前，问道："大娘，您老到哪里去呀？"

老大娘上气不接下气地回答说："俺从关里老家来，到抚顺去看儿子。"

雷锋一听，老大娘正好和自己同路，立刻接过老人的包袱，说："大娘，我们正好同路，我可以送您。”

雷锋扶着老大娘上了车，放好行李，又给大娘找了位子，让大娘坐下，自己站在旁边。

老大娘感激地说：“小伙子，辛苦啦。”

雷锋马上回答说：“我不累。”

车开动了，雷锋从挎包里拿出两个包子，递一个给老大娘。

老大娘说：“你辛苦了，你吃吧。”

雷锋说：“您吃吧，我这里有。”

老大娘接过包子，把身子挪了挪，说：“孩子，你累了，坐一坐吧。”

雷锋坐在老大娘的身边，听着老大娘一口一个“孩子”，心里感到非常幸福，仿佛大娘就是自己的亲人。

雷锋和老大娘一边吃面包，一边聊起了家常。

从老大娘的谈话中，雷锋知道了老大娘儿子的住址。

火车到站了，雷锋将自己的行李存在车站，背着老大娘的包袱，一条街一条街地帮老大娘找儿子。

终于，雷锋把老大娘送到了她儿子跟前。

“要没有这孩子，我肯定找不到你。”

老大娘的儿子紧紧地握着雷锋的双手，一个劲地道谢。

雷锋非常谦虚地说：“这是我应该做的，我不累。”

雷锋要走了，母子俩恋恋不舍把他送了好远。

不久，雷锋奉命到佳木斯执行任务。从火车站候车室到站台，从站台到火车上，他没有一刻停过。帮助老人，帮助小孩，替这个拿包袱，替那个搬行李，到处都是他忙碌的身影。

“同志，辛苦了。”

“我不累。”

这两句话成了火车上最温暖的标志。

火车停靠在途中的站台，车外下着大雨。

雷锋走下火车，来到站台边，和装卸工人一起忙着遮盖站台上的货物和行李。

开车铃响了。

雷锋跑上火车，全身都快湿透了，鞋子上沾满了泥巴。

列车到了沈阳，乘客们陆陆续续下车了，雷锋留在车上，同列车员一起打扫完列车厢后才回家。

昔日的孤儿，今天的人民代表

1961年春天，抚顺市居民正在兴高采烈地选举人民代表。

这时，雷锋所在的工兵团正在哈达地区施工，运输连派雷锋率领四班给各连运送物资。

一天上午，本溪路小学的一位老师带着两位学生来到运输连，表达了要推举雷锋做人民代表的意思，询问部队的意见。

运输连连忙把这个消息报告了团部，政委韩万金得知消息后，非常高兴，对运输连的同志说："雷锋在人民群众中做了不少好事，人民群众提出推选他当人民代表，这可是民意啊！我们工兵团将推举他作为全团的代表。实在是太好了，我们有了人民代表人选。”

不久，工兵团收到抚顺市选举委员会的一张《人民代表证书》，证上写着：雷锋同志当选为抚顺市第四届人民代表大会代表。

正式成为代表的消息传达到运输连，雷锋十分激动，千言万语涌上心头。

“在旧社会，我爷爷、父亲、妈妈、哥哥、弟弟受了多少苦难，连活下去都难。现在，我不但过上了幸福的生活，还被选为人民代表，代表人民当家作主。这是多么大的变化啊！”

想着想着，雷锋禁不住泪流满面。

7月30日下午，雷锋换上一套整洁的军装，带着正在阅读的《毛泽东选集》第四卷和一个日记本，告别了连队，准时到达了开会地点——抚顺宾馆。

开会前，大会秘书处给每位代表发了一个文件袋，文件袋里是十几份会议文件。

雷锋一份份地仔细阅读文件。读完文件，他心潮澎湃，情不自禁地在文件袋上写下了一首短诗：

过去当牛马
今天做主人
参加代表会
讨论大事情
人民有权利
选举自己人
掌握刀把子
专政对敌人
衷心拥护党
革命永继承
哪怕进刀山
永远不变心

会议前两天的议题是学习和讨论市领导同志的报告。在小组会议上，雷锋认真听取各位代表的意见，认真学习代表们的先进事迹和成熟的经验。

会议的第三天主要是作大会发言。

轮到雷锋发言了，他从容地走上台，先讲了讲自己的身世，接着讲了讲自己在新社会过的幸福生活。

最后，他以坚定的语气说："为了不辜负党和人民对我的要求和期望，在这次大会的鼓舞下，我决心鼓足更大的革命干劲，努力学习马列主义和毛泽东思想，更好地为人民服务，在今后的工作和学习中，争取更大的成绩。我一定要时刻提高革命警惕，握紧枪杆，保卫我们的社会主义建设，保卫我们可爱的祖国。我要永远忠于党，做人民的好战士。"

雷锋激动人心的话令代表们感到了力量，感到了希望，他们热烈的掌声在会堂久久回响。

不灭的火种

1962年8月15日，天阴沉沉的，飘着毛毛细雨。

“雷锋，去休息吧。”雷锋刚刚出车回来，领导叫他去休息。

“我不累。”雷锋回答说。

说完，雷锋叫来助手一起保养车子，他想：“如果能够及时保养车子，车子总能保持良好的状态。一旦有了任务，就能够马上出车，不会误事。”

“我们把车子开到空场上去洗一洗吧。”雷锋对助手说。

这些日子一直在下雨，路面状况非常糟糕，到处是泥泞。

助手驾驶着汽车在倒车，雷锋在下

面指挥。

车子拐弯时，后轮打滑，撞断了一根连着8号铁丝的木桩子，铁丝扯着这半截木桩子弹起来，砸在雷锋的头上。雷锋头部出血，当场晕倒在地，经抢救无效，不幸因公殉职。

雷锋离开了我们，和我们永别了。但是，他的精神却长留人间。

雷锋离开我们之后的日子里，在雷锋精神的感召下，无数的雷锋出现在我们社会，出现在我们身边，留下了一串串感人的故事。

雷锋精神，永存！